≠ Raízes das DESIGUALDADES Regionais no ≠ BRASIL

Alexandre Rands Barros

≠ Raízes das DESIGUALDADES Regionais no ≠ BRASIL

Alta Cult
Editora
Rio de Janeiro, 2019

Raízes das Desigualdades Regionais no Brasil
Copyright © 2019 da Starlin Alta Editora e Consultoria Eireli. ISBN: 978-85-508-0378-4

Impresso no Brasil — 1ª Edição, 2019 — Edição revisada conforme o Acordo Ortográfico da Língua Portuguesa de 2009.

Publique seu livro com a Alta Books. Para mais informações envie um e-mail para autoria@altabooks.com.br

Obra disponível para venda corporativa e/ou personalizada. Para mais informações, fale com projetos@altabooks.com.br

Produção Editorial
Editora Alta Books

Gerência Editorial
Anderson Vieira

Produtor Editorial
Juliana de Oliveira
Thiê Alves

Assistente Editorial
Ian Verçosa

Marketing Editorial
marketing@altabooks.com.br

Editor de Aquisição
José Rugeri
j.rugeri@altabooks.com.br

Vendas Atacado e Varejo
Daniele Fonseca
Viviane Paiva
comercial@altabooks.com.br

Ouvidoria
ouvidoria@altabooks.com.br

Equipe Editorial
Adriano Barros
Bianca Teodoro
Illysabelle Trajano
Kelry Oliveira
Keyciane Botelho
Larissa Lima
Leandro Lacerda
Maria de Lourdes Borges
Paulo Gomes
Thales Silva
Thauan Gomes

Revisão Gramatical
Flávio Rodrigues
Hellen Suzuki

Diagramação
Lucia Quaresma

Capa
Bianca Teodoro

Dados Internacionais de Catalogação na Publicação (CIP) de acordo com ISBD

B277r Barros, Alexandre Rands

Raízes das Desigualdades Regionais no Brasil / Alexandre Rands Barros. - Rio de Janeiro : Alta Books, 2019.
256 p. : il. ; 17cm x 24cm.

Inclui bibliografia e índice.
ISBN: 978-85-508-0378-4

1. Ciências Sociais. 2. Desigualdades Regionais. 3. Brasil. I. Título.

2019-914 CDD 305.0981
CDU 301(81)

Elaborado por Vagner Rodolfo da Silva - CRB-8/9410

ALTA BOOKS EDITORA
Rua Viúva Cláudio, 291 — Bairro Industrial do Jacaré
CEP: 20.970-031 — Rio de Janeiro (RJ)
Tels.: (21) 3278-8069 / 3278-8419
www.altabooks.com.br — altabooks@altabooks.com.br
www.facebook.com/altabooks — www.instagram.com/altabooks

ASSOCIADO CBL Câmara Brasileira do Livro

Ao meu filho, Tales Rands, que sempre me inspira e me apoia nas análises acadêmicas.

SUMÁRIO

INTRODUÇÃO

Há mais de seis anos que escrevi o livro *Desigualdades Regionais no Brasil*[1]. Ele foi publicado em 2011, tendo sido objeto de elaboração ao longo de 2010 e parte de 2011. Desde então, continuei a pesquisar sobre as desigualdades regionais e, particularmente, o atraso relativo do Nordeste, quando comparado ao Sudeste e ao Sul do país. Além disso, fiz várias palestras e participei de vários debates sobre o tema. Como consequência, várias das ideias contidas naquele livro foram aperfeiçoadas. Na essência, a visão anterior não foi alterada, mas a importância relativa das relações existentes foi modificada. Relações que julguei importantes na época ao longo do tempo foram percebidas como menos relevantes, e outras que tinham papel secundário ganharam destaque na minha visão. Por isso a percepção de que seria relevante escrever um segundo livro sobre o mesmo tópico.

A ideia primeira era fazer uma segunda edição do livro anterior, já que a essência do argumento era a mesma. Mas logo percebi que as modificações a serem implementadas eram tamanhas que mais valeria escrever um outro livro. Inclusive com uma abordagem completamente diferente. Enquanto o livro anterior visava colocar em uma linguagem menos técnica as ideias que explicavam o atraso relativo do Nordeste, mesmo que houvesse todo um embasamento técnico por trás, talvez essa não devesse ser a melhor abordagem para um segundo livro.

Somou a esse fato uma mudança na linha de raciocínio principal entre esse livro e o anterior. O primeiro trabalho buscou mostrar que

---

1 Barros (2011b).

é possível entender as desigualdades regionais a partir da teoria econômica vigente, sem ter que se recorrer a heterodoxias sem a mesma consistência e rigor científico. Nesse contexto, buscava-se corrigir a visão até então dominante de que ideias heterodoxas, como perda de excedentes por deterioração de termos de troca dos produtos nordestinos e baixa industrialização, fossem necessárias para explicar nosso atraso relativo. O livro anterior, junto com uma série de contribuições de economistas de uma nova geração, com formação menos heterodoxa e maior rigor analítico, além de maior disponibilidade de dados e estudos estatísticos, serviu para mostrar que a teoria econômica explica muito bem o atraso relativo do Nordeste.

O eixo do argumento aqui passa a ser diferente. A ideia é mostrar que o atraso relativo do Nordeste possui causas imediatas (*proximate*), ou aparentes, e causas fundamentais, ou essenciais. O baixo estoque relativo de capital humano seria a causa imediata do atraso da região. As causas desse baixo estoque seriam as fundamentais. Nesse contexto, buscou-se em uma filosofia da história mais atual, que incorpora várias evoluções no escopo do conhecimento humano, a base para explicar o surgimento e a persistência das desigualdades regionais no Brasil. Essa filosofia justifica as relações sociais e políticas que culminam na construção de instituições, culturas e normas sociais que levam à menor formação de capital humano no Nordeste. Ou seja, a causa fundamental seria a forma como as contradições fundamentais que movem a história se reproduziram no Brasil espacialmente. Os instrumentos que levam essa causa a se revelar na região são as cristalizações de relações sociais através de culturas, normas e instituições.

Essa introdução detalha mais essas ideias, que serão ainda mais desenvolvidas ao longo de todo o livro. Ela está organizada como segue. Na próxima seção define-se melhor o que são causas imediatas e fundamentais do desenvolvimento. A Seção 3 discute a filosofia da história que deverá servir de base para explicar as desigualdades regionais no Brasil ao longo do livro, justificando a identificação das causas fundamentais. A Seção 4 discute a natureza das desigualdades regionais para, na Seção 5, introduzir-se as principais explicações para as desigualdades até então. A Seção 6 apresenta o livro com uma visão geral do conteúdo de cada um dos capítulos.

CAUSAS APARENTES E FUNDAMENTAIS

Tem sido comum na Teoria do Desenvolvimento recente dividir as causas do desenvolvimento ou crescimento econômico em causas imediatas, ou aparentes (*proximate*), e fundamentais, ou essenciais (*fundamental*). As primeiras são consideradas como parte do desenvolvimento. Por conseguinte, a acumulação de capital físico e humano, assim como o crescimento da produtividade, seriam causas aparentes, mas, na verdade, elas são partes intrínsecas do processo de crescimento e desenvolvimento econômico. Quando um país se desenvolve, naturalmente ele acumula capital físico e humano, assim como tem sua produtividade do trabalho elevada. O segundo conjunto de causas, as fundamentais, é que definiu a dinâmica da acumulação de capital, seja ele físico ou humano, ou o crescimento da produtividade.

Na visão institucionalista, que se tornou tão forte na academia moderna, a natureza das instituições seria a causa do ritmo lento de acumulação de capitais físico e humano no Brasil ou da defasagem de produtividade em relação à existente nos países centrais.[2] Assim, a natureza das instituições brasileiras é vista como a causa fundamental do atraso relativo do país. Mesmo entre regiões, aquelas com instituições mais adversas ao desenvolvimento seriam as de maior atraso relativo.[3] Apesar de seu ressurgimento recente dentro de conceitos modernos da Teoria do Crescimento Econômico, essa hipótese já havia sido apresentada para o caso do subdesenvolvimento brasileiro por

2 Para uma apresentação simples dessa teoria, ver Acemoglu e Robinson (2012) e North (1990, parte 3).

3 Ver Naritomi, Soares e Assunção (2007) para uma interpretação regional como a mencionada aqui.

Faoro (1958).[4] A extensão regional da hipótese dele, contudo, não foi feita.

A Teoria da Dependência implicitamente também já fez essa distinção entre causas aparentes e fundamentais do desenvolvimento quando relegou o avanço tecnológico associado ao aprofundamento da industrialização como a causa aparente do desenvolvimento, enquanto introduziu a associação de parte da elite local com as empresas estrangeiras como a causa fundamental do baixo desenvolvimento industrial e tecnológico no país. Textos de Cardoso e Falletto (1970) e Bresser Pereira (2014) fazem essa distinção, embora utilizem outros conceitos.

Para Furtado (1959b) e demais estruturalistas, a industrialização retardatária e a especialização em exportações de mercadorias primárias seriam as causas aparentes, enquanto a natureza intrínseca do desenvolvimento tecnológico e da demanda da população por esses bens, junto com o comportamento das elites locais em relação à poupança, seriam as causas fundamentais do atraso brasileiro. Ou seja, a diferenciação entre causas aparentes e fundamentais do desenvolvimento já existia nas principais explicações para o subdesenvolvimento brasileiro e em algumas explicações para o atraso relativo do Nordeste, que foram apresentadas até então.

Esses dois conceitos vão permear as explicações do atraso relativo regional nos capítulos a seguir. Alguns capítulos terão foco nas causas aparentes ou imediatas das desigualdades regionais no Brasil, enquanto outros concentrarão sua atenção nas causas fundamentais ou essenciais delas. Iniciar-se-á identificando as causas aparentes nos quatro primeiros capítulos, enquanto o último apresenta as causas fundamentais.

4 Leff, N., (1997) também apresenta uma versão alternativa dessa visão institucionalista antes do seu ressurgimento recente.

FILOSOFIA DA HISTÓRIA QUE FUNDAMENTA AS IDEIAS DESENVOLVIDAS AQUI

As filosofias da história, entre outras preocupações, buscam revelar relações básicas que geram o movimento da história. Partem do pressuposto de que há uma relação do presente com o passado. O presente evolui do passado e há algumas leis que tendem a explicar esse movimento. Obviamente, reconhece-se que há vários níveis de determinação da realidade social do presente a partir do passado. Formas específicas que o passado assumiu afetam o presente. Mas, além dessas especificidades, há leis que explicam a evolução geral e que independem do momento específico que se classificou como passado ou presente.

Vale salientar que essa ideia não é compartilhada por todos os filósofos da história. Recentemente, muitos acreditam que não há essas leis gerais e que sempre há relações específicas a cada momento que explicam a relação entre momentos consecutivos na história.[5] Tentar encontrar essas leis gerais que explicariam a evolução histórica seria um esforço intelectual inútil. Obviamente, numa visão econômica é difícil incorporar tal concepção cética, pois a ciência econômica moderna busca sempre extrair leis e teorias atemporais e que, por tal, sendo elas dinâmicas, tenderiam a gerar relações de causa e efeito no tempo que sempre ocorrerão. Como consequência, ela baseia-se na criação de relações gerais de causa e efeito no tempo que explicarão muito da evolução da história.

Por exemplo, na principal relação da economia, que é a lei da oferta e da procura, argumenta-se que sempre que houver uma queda na oferta, por problemas climáticos, por exemplo, haverá uma elevação dos preços dos bens e serviços cuja demanda não seja alterada. Apesar de a lei da oferta e da procura ser atemporal, ela gera uma relação que se reproduz no tempo. Queda na produção hoje tende a gerar preço

5 Donagan (1966) é um exemplo dessa visão.

mais alto amanhã, pois mercadorias produzidas hoje comumente serão ofertadas nos próximos períodos, não só hoje.

Por isso, duas das principais filosofias da história que argumentam existir essas leis gerais de evolução histórica serão revistas aqui e uma terceira será rapidamente apresentada, sendo mais facilmente compreendida a partir das críticas às duas anteriores. Essa última será a base para a interpretação das causas das desigualdades regionais no Brasil. Ela poderá pôr em perspectiva alguns dos argumentos apresentados para identificar as causas das desigualdades regionais no Brasil, como a natureza das instituições dominantes nas regiões ou mesmo os conflitos de classes.

Antes de prosseguir, vamos introduzir aqui alguns conceitos da filosofia da história marxista, que serão utilizados também nas apresentações das outras duas. O primeiro é o conceito de relações sociais de produção. Marx (1868) definiu-as como o conjunto das relações econômicas, entre elas o estado momentâneo e a evolução do desenvolvimento tecnológico, e das relações sociais estabelecidas no processo produtivo, tanto dentro de unidades produtivas individuais, como em uma coletividade e entre coletividades, sejam elas definidas como cidades, países e mesmo continentes.[6]

O segundo conceito é o de superestrutura. Ela inclui as relações sociais entre pessoas que não são diretamente relacionadas ao processo de produção e distribuição de bens e serviços. Incluem-se aí as instituições estabelecidas, o Estado entre elas; a cultura; os valores morais; as normas sociais; a religião; os padrões estéticos; o senso comum etc. Esse segundo grupo de fenômenos sociais pode ser dividido em dois subgrupos. Um que inclui apenas as instituições com relevância para a organização produtiva dos indivíduos, abrangendo-se

6 Há controvérsias sobre o que exatamente estaria incluído nesse conjunto na nomenclatura de Marx, dado que ele mesmo utilizou o conceito com mais de um nível de abrangência nos seus diversos trabalhos. Mas o conceito apresentado será o utilizado a seguir.

aí também normas e valores morais e religiosos que possam ter tal consequência. O segundo subgrupo inclui as demais superestruturas.

Filosofia da História de Hegel

Hegel parte do pressuposto de que existe uma "divindade" que gerou uma composição racional do universo, que é absoluta e indiscutível, apesar de poder mudar ao longo do tempo. Nesse contexto, a história da humanidade seria uma convergência permanente para esse mundo racionalmente definido. Essa trajetória, contudo, não seria suave e persistente. Há momentos em que o curso da história se afasta desse ideal racional, gerando-se contradições entre a verdade racional e absoluta e a realidade efetiva. Essas contradições são eventualmente resolvidas em prol da racionalidade absoluta, havendo assim essa convergência de longo prazo.

Desvios de curto prazo do caminho que leva a esse ideal podem se acentuar, porque o imediato da história é determinado pelas paixões humanas, que envolvem motivações e sentimentos não racionais e/ou de satisfações momentâneas individuais. Entretanto, os ditames da razão sempre se encontram por baixo dos movimentos mais superficiais da história e a partir das contradições geradas entre a forma e o conteúdo da evolução, esse último determinado pelo curso da razão, há o avanço dessa última na história. Essas contradições a cada momento entre os mundos ideais representando a razão e o real constituiriam o principal motor da história. Elas levam permanentemente a mudanças na sociedade.

As instituições e demais superestruturas, principalmente a organização do Estado, tenderiam a padrões ideais nos quais a razão prevalece. Entretanto, poderia haver desvios que gerariam ou aprofundariam as contradições entre o real e o ideal, como já exposto anteriormente. Essas contradições gerariam soluções de ajuste que reverteriam eventualmente o equilíbrio, de forma que possa haver retorno a um caminho de convergência para o mundo ideal e racional. Essa prevalência do ideal sobre o real, e a convergência para esse ideal definido de forma racional por uma superioridade divina, é que fez com que Hegel tenha sido sempre classificado como um filósofo idealista.

A tecnologia e os processos produtivos, assim como as relações sociais em torno da produção, também evoluiriam permanentemente para um ideal absoluto. Ou seja, as relações sociais de produção teriam uma convergência para um racional que poderia ser definido como ideal, mesmo sem se recorrer a juízos de valor. Isso incluiria não somente os processos de produção e distribuição, mas toda a organização social em torno deles. Obviamente, a maior produtividade e a organização em que o ser humano tem maior satisfação com menor esforço, em uma visão utilitarista dessa filosofia, seria a consequência dessa convergência. Contradições poderiam aparecer quando há externalidades negativas dos processos produtivos ou gera-se, por exemplo, anomalias como a escravidão. Os interesses imediatos e as paixões momentâneas poderiam levar ao florescimento e mesmo ao crescimento desses fenômenos contrários ao ideal gerado pela razão. A racionalidade humana, contudo, levaria à superação dessas contradições com o avanço do bem-estar gerado a partir das relações sociais de produção.

O desenvolvimento da racionalidade nas instituições e organizações sociais seria a fonte mais importante para que a razão prevaleça nas relações sociais de produção e até mesmo assegure o ritmo socialmente mais adequado do desenvolvimento da produtividade ou das forças produtivas, no conceito marxista. Ou seja, as superestruturas políticas, particularmente o Estado e as instituições, seriam de fato os maiores determinantes das relações sociais de produção, pois a superação das contradições entre o ideal e o real tende a gerar resultados mais rapidamente na evolução dessas instituições, daí desencadeiam ajustes nas relações sociais de produção.

As contradições entre o mundo ideal, concebido pela razão, e a realidade efetiva constituem o motor da história. As sociedades evoluiriam a partir dessas contradições e convergiriam para um mundo ideal, apesar de sofrerem frequentes, mas transitórios, reveses. Vale salientar que a prevalência da razão nas instituições é o que leva à evolução racional das relações sociais de produção. Ou seja, o ritmo de desenvolvimento da produtividade é determinado em última instância pelo desenvolvimento das superestruturas, entre elas as instituições.

Como consequência, descobrir o ideal para a moral, o direito, a organização política etc. seriam alguns dos objetivos da filosofia. Avançando nessas descobertas, ela poderia fomentar um ritmo mais acelerado da evolução da sociedade para o mundo da razão. Ou seja, o desenvolvimento teria no conhecimento filosófico e humanista um de seus importantes determinantes.

VISÃO MARXISTA

Assim como em Hegel, Marx identifica nas contradições intrínsecas o motor da história. Mas, para ele, os conflitos de interesses entre as classes sociais geram a luta de classes e seriam as contradições fundamentais para determinar a evolução das sociedades. Enquanto para Hegel as contradições entre o mundo real e os produtos da razão moveriam a história, Marx traz as contradições para o mundo real, entre entes históricos concretos, que são as classes sociais. Ou seja, Marx mantém a lógica dialética de Hegel, mas traz para o mundo material as contradições essenciais que explicam a evolução histórica.

Na visão marxista tradicional, as forças produtivas teriam uma tendência de longo prazo para gerar mais desenvolvimento com mais produtividade e bem-estar médio para a população. Os seres humanos teriam incentivos permanentes para gerar maior conforto, e isso levaria à evolução persistente das forças produtivas. Esse desenvolvimento, contudo, teria sua velocidade alterada pelas relações sociais de produção e pelas superestruturas, principalmente aquelas associadas aos processos produtivos. Essas últimas poderiam gerar empecilhos ao desenvolvimento das primeiras e, por isso, atrasar o desenvolvimento das forças produtivas. Mas os empecilhos surgiriam principalmente quando houvesse a inadequação das relações sociais de produção ao nível de desenvolvimento das forças produtivas. Isso ocorre porque a forma específica que o desenvolvimento das forças produtivas assume é também influenciada pelas relações sociais de produção existentes e as superestruturas que elas geram. O conflito entre as principais classes sociais envolvidas nessas relações sociais de produção gera uma tendência a reduzir a velocidade de desenvolvimento das forças produtivas, pois a classe dominada gerará demandas que bloqueiam regras que comprometem seu bem-estar. Então, eventualmente, surgem novas classes sociais que se relacionam de diferentes formas mesmo quando há conflitos entre si, mas que ficam à margem das amarras impostas pelas superestruturas ao desenvolvimento das forças produtivas sob as relações sociais de produção e superestruturas dominantes. A consequência é que essas novas relações sociais e classes sociais crescem, e eventualmente a mais forte delas toma conta do poder político e ideológico e muda as superestruturas. O desenvolvimento das tecnologias é fundamental para criar essas oportunidades de novas relações sociais de produção. Daí o desenvolvimento das forças produtivas serem, em última instância, o combustível da história, sendo o conflito entre as classes sociais seu motor.

Essa forma de explicar principalmente as revoluções sociais e transição entre modos de produção também foi estendida por Marx para explicar a dinâmica em sociedades capitalistas. De uma forma geral, as relações sociais de produção, que são relações econômicas, prevaleceriam sobre as superestruturas, pois elas determinam os conflitos entre as classes sociais no processo produtivo, mas que se estendem para as superestruturas. Assim, a natureza e a forma dos conflitos entre as classes sociais levariam à determinação de superestruturas que, por sua vez, definiriam o ritmo de desenvolvimento das forças produtivas. Portanto, instituições são determinadas pelos conflitos entre as classes sociais. Compreender a dinâmica deles é a forma de compreender a evolução histórica de um povo e, por tal, o seu nível de desenvolvimento em relação a outros povos.

UMA NOVA FILOSOFIA DA HISTÓRIA

O ser humano é essencialmente um animal com todos os instintos que criaram e preservaram a vida em milhões de anos. Isso envolve instintos de sobrevivência e de reprodução, que são determinantes importantes em muitas de nossas ações. Apesar das várias mudanças históricas nas concepções sociais e nos comportamentos, esses atributos animais intrínsecos sempre foram determinantes relevantes das ações individuais e coletivas dos seres humanos. Ao longo da história, eles sofreram poucas mudanças de substância, como bem reporta Harari (2014). Dessa forma, a filosofia da história apresentada aqui departe das anteriormente apresentadas porque trata o ser humano apenas como um animal, que é produto da evolução das espécies, como todos os outros, assim como revelou Charles Darwin em sua obra "A Origem das Espécies". Por consequência, o ser humano não é intrinsecamente diferente dos demais animais.

Apesar disso, os seres humanos desenvolveram um nível sofisticado de racionalidade como produto de nossa evolução como espécie. O significado dessa habilidade aqui é a capacidade de definir uma estratégia plausível ou uma sequência de ações para atingir um determinado resultado. Ou, mais genericamente, racionalidade é a capacidade de escolher um conjunto de sequências de ações, entre opções alternativas, para gerar um conjunto de resultados entre vários possíveis, com probabilidade significantemente superior aos resultados puramente aleatórios. Ela pressupõe a inferência de relações de causa e efeito na realidade objetiva e a aplicação da lógica para escolher o conjunto de ações mais apropriado para aumentar a probabilidade de obter os resultados mais desejados. É desnecessário dizer que nenhum desses conjuntos de ações e resultados é necessariamente definido por eventos acontecendo no mesmo período de tempo.

Além disso, é fundamental reconhecer que muitos ou mesmo todos os animais são capazes de realizar tais processos. No entanto, duas coisas são particularmente importantes nos seres humanos. A primeira é a complexidade potencial das sequências a serem definidas e seguidas. A segunda é a capacidade de mobilizar números elevados de indivíduos de nossa espécie em uma mesma sequência. Formigas e abelhas fazem isso também, mas nossas sequências são mais complexas. Alguns mamíferos também mobilizam vários indivíduos em uma mesma sequência, mas geralmente em menores números e em sequências bem menos complexas. Obviamente, a capacidade de acumular grandes volumes de conhecimentos e transmiti-los para outros de forma sintética são dois determinantes fundamentais dessa capacidade de definir sequências complexas, e mesmo importantes determinantes da possibilidade de engajar vários de nós em uma mesma sequência, com um objetivo comum.

Essas características e os níveis de complexidade das sequências, contudo, não nos retira a característica de sermos animais, como vários outros. A diferença vem apenas da complexidade dos conjuntos de informações, relações de causa e efeito e possíveis ações que são consideradas em nossas decisões. Os seres humanos são capazes de extrair da realidade, a partir de experiências próprias ou de terceiros, transmitidas por comunicação, mais conhecimentos sobre relações de causa e efeito com o fim de construir conjuntos mais complexos de ações e resultados desejados. Inclui-se aí a complexidade intertemporal das relações entre ações e objetivos desejados. Animais, que comumente são classificados como irracionais, têm bem menos habilidades para construir esses conjuntos de relações de causas e efeitos e de usá-los para definir ações com objetivos estabelecidos. É importante também mencionar que a capacidade de criar conjuntos complexos de relações de causa e efeito também ajuda a moldar os resultados desejados, que frequentemente são também mais complexos do que em animais com menor capacidade de razão, além de também tornar mais complexos os conjuntos de estratégias e de combinações de ações para se obter um conjunto de resultados.

Uma outra herança animal importante dos seres humanos é o seu instinto de sobrevivência. Ele nos faz sempre buscar sobreviver. Ou seja, essa busca está sempre entre as principais motivações nas ações humanas, quando a sobrevivência puder ser posta em risco em qualquer situação. Esse instinto é forte intrinsecamente quando a sobrevivência em questão é a do próprio indivíduo. Contudo, ele pode ser estendido para a sobrevivência de outros seres humanos com relação pessoal próxima. Vale lembrar que esse instinto também foi herdado de nossa evolução como um animal e é semelhante ao de todos os demais animais. Por sua importância em todas as ações humanas, ele também é um dos principais determinantes da evolução histórica e, por conseguinte, um dos pilares de uma filosofia da história que captura a dinâmica social de longo prazo. Obviamente, esse instinto ganha sofisticação quando o ser humano o utiliza dentro de sua racionalidade mais complexa, mas na essência o instinto é exatamente o mesmo que o dos demais animais.

A racionalidade do ser humano, adquirida ao longo da sua evolução como espécie, juntamente com os instintos de sobrevivência, gera aversão ao risco como uma característica humana intrínseca. Como os seres humanos sempre têm instinto de sobrevivência, a aversão ao risco sempre os pressionará para a acumulação de riqueza e recursos, de modo que eles possam reduzir a probabilidade de sofrer da escassez que possa comprometer seu padrão de vida. Isso gera um impulso permanente e de longo prazo para desenvolver as forças produtivas e promover a acumulação de riqueza. Assim, esse impulso supostamente exógeno nas formulações de Marx torna-se aqui endogenamente determinado pela evolução das espécies, que nos deu instintos de sobrevivência e racionalidade para fazer planejamento intertemporal. Juntas, essas duas heranças da evolução de nossa espécie geram aversão ao risco e foco permanente no desenvolvimento das forças produtivas.

A racionalidade humana gerou sofisticação na avaliação das relações de causa e efeito decorrentes de estratégias de ações alternativas. Como consequência, logo o ser humano começou a perceber que a cada momento, quando se defrontava com um problema ou aspiração, ele poderia seguir uma série de estratégias que podem ser classificadas em dois grandes conjuntos. Um primeiro, no qual ele se envolve em uma sequência de ações em que coopera com um conjunto de seus semelhantes; chamaremos aqui esse conjunto de postura cooperativa. A segunda opção é ele se envolver em uma sequência de ações em que não assume postura cooperativa com o conjunto de seus semelhantes; esse segundo conjunto será aqui chamado de postura não cooperativa. Obviamente, havendo referência a um conjunto de indivíduos outros, pode se ter uma mesma sequência de ações que seja cooperativa com um determinado conjunto de indivíduos e não cooperativa com outro. Além disso, é possível que em uma parte da sequência de ações um determinado indivíduo tenha postura cooperativa e em outra ele não coopere. Para simplificar, considerar-se-á postura cooperativa ou não cooperativa quando se referir aos indivíduos que dividem o espaço econômico ou o segmento social com aquele indivíduo. As sequências, por sua vez, serão apenas aquelas em que o comportamento é único, seja ele cooperativo ou não cooperativo. A alternância no comportamento divide a sequência em partes.

Dada a racionalidade humana desenvolvida, a experiência nos ensinou que enfrentamos duas alternativas: jogar um jogo cooperativo ou um não cooperativo com os nossos semelhantes. A não cooperação muitas vezes gera maiores ganhos para os indivíduos no curto prazo, mas frequentemente é prejudicial ao bem-estar no longo prazo quando comparado ao que emerge dos comportamentos cooperativos alternativos. Assim, a contradição entre incentivos para cooperar e não cooperar é um determinante essencial que molda a evolução histórica desde os primórdios de nossa espécie. Sempre há incentivos tanto para cooperar quanto para não cooperar. Cada indivíduo escolhe a cada momento o seu conjunto de ações ou estratégias efetivas a partir dos conjuntos com alternativas cooperativas e não cooperativas, sempre visando os resultados esperados decorrentes de cada uma das estratégias. A combinação social dessas decisões individuais é um determinante importante da dinâmica da história, incluindo aí a formação e evolução das instituições.

A humanidade, em todas as sociedades e todos os seus períodos históricos, sempre encontrou algumas ideologias para ajudar a convencer os indivíduos a cooperarem. Religiões, normas sociais, noções éticas, ideias de identidades entre indivíduos de grupos específicos e demandas de solidariedade entre eles são apenas algumas dessas ideologias que ajudaram a aumentar a vontade individual de cooperar. No entanto, apesar de toda a possível eficiência dessas ideologias nos diferentes momentos da história humana, a contradição fundamental mencionada acima foi sempre latente e ajudou a moldar a sociedade. Os comportamentos não cooperativos sempre aparecem em alguns indivíduos, ou em grupos deles, em momentos específicos em qualquer sociedade. A frequência individual da falta de cooperação ao longo do tempo e a quantidade média de ações não cooperativas por parte dos indivíduos em um determinado período variam de sociedade para sociedade e entre momentos históricos particulares. Isso significa que o impacto dessas ideologias pró-cooperação não é o mesmo em diferentes momentos da história, nem é o mesmo entre os muitos ambientes sociais.

Há também outros instrumentos que as sociedades utilizam para promover a escolha dos indivíduos pela cooperação, como as leis que sujeitam os comportamentos humanos não cooperativos a punições ou a retaliações. Os ganhos obtidos pela postura cooperativa dos indivíduos são tais que muitas sociedades ou grupos de indivíduos, muitas vezes, criam instituições para fortalecer os incentivos individuais para cooperar, além do fomento de ideologias para tal. No entanto, a eficiência de tais dispositivos também varia entre as sociedades e entre os períodos para o mesmo grupo social. Quanto maior o grupo social governado pelas mesmas instituições, maior tende a ser a complexidade das leis necessárias para incentivar a postura cooperativa. Essa relação simples e óbvia é uma das principais causas da aparente convergência em longo prazo para uma estrutura racional do quadro institucional, que deu a noção de aumento da racionalidade e a convergência para um mundo racional, como argumentou Hegel.

A história, de fato, não leva a humanidade a um mundo no qual a racionalidade acabará por prevalecer, como na visão de Hegel, nem a um mundo no qual as instituições assegurarão a plena harmonia, após o fim dos conflitos de classe sob o domínio do comunismo, ao suceder o capitalismo, como previsto por Marx. A contradição essencial do comportamento cooperativo/não cooperativo, mencionado antes, sempre motivará mudanças institucionais que tentam aumentar os incentivos para cooperar. No entanto, os ajustes nas instituições existentes e as falhas para evitar a falta de cooperação sempre aparecerão e moverão a sociedade. Não necessariamente para uma racionalidade crescente.

A racionalidade humana e a aversão ao risco são dois desfechos da evolução das espécies que também geram a percepção de que os resultados da cooperação promovem o bem-estar geral mais do que se consegue atingir com posturas não cooperativas. No entanto, os resultados da não cooperação podem ser superiores na promoção do bem-estar de indivíduos específicos, se os demais mantiverem postura cooperativa. À medida que esses benefícios individuais são alcançados em detrimento do bem-estar da maioria, a racionalidade empurra a sociedade para criar instrumentos para restringir a não cooperação de indivíduos. Isso, por si, já justifica a crescente complexidade das instituições e a aparente evolução racional delas em longo prazo, como argumentou Hegel. No entanto, não é necessariamente verdade que tal evolução seja em qualquer direção particular, como a promoção da democracia, por exemplo. Assim, o surgimento do nazismo não é um exemplo contrário a essa hipótese, como muitas vezes é apresentado para desafiar a hipótese de Hegel.

A promoção da eficiência produtiva através de escala e especialização também leva a sociedade a um crescente aumento da integração espacial através do comércio. Inicialmente, os seres humanos começaram a trocar bens e serviços nas proximidades dos locais onde viviam. Com o passar do tempo, esse universo espacial de trocas expandiu-se cada vez mais e as trocas intensificaram-se. Assim, para que elas fossem feitas em níveis de segurança maior, foi necessário cada vez mais aumentar o universo espacial sob regras e leis comuns. A consequência foi que mais pessoas passaram a aceitar se subordinar a essas regras comuns para poderem se beneficiar dos ganhos potenciais da especialização e escala produtiva. Esse aumento de pessoas sujeitas às mesmas regras também aumentou a diversidade de situações que demandavam regulamentação para permitir a integração comercial. Isso levou à crescente complexidade institucional identificada por Hegel. Ou seja, ela é consequência do desenvolvimento das forças produtivas engendrado pela aversão ao risco e pelo instinto de sobrevivência.

Assim, a sociedade evolui sob uma tendência de longo prazo para aumentar o desenvolvimento das forças produtivas e a complexidade das instituições, conforme identificado por Hegel e Marx, respectivamente. No entanto, essas tendências de longo prazo, em vez de serem determinadas de maneira exógena ou definidas como uma regra por Deus, são resultados dos dois maiores motores da evolução histórica, que são contradições entre incentivos para cooperar e não cooperar e o instinto de sobrevivência, juntamente com a racionalidade, ambos decorrentes da evolução da espécie homo sapiens. É a partir desses pilares básicos de evolução histórica que podemos entender a história da humanidade e de qualquer povo. Obviamente, o atraso relativo do Nordeste em relação ao Sudeste e ao Sul também deve ser entendido tendo como base esses determinantes da evolução histórica, já que esse atraso é um fenômeno histórico.

A ARITMÉTICA DA DESIGUALDADE REGIONAL

Se há dois conjuntos de indivíduos, digamos N e S, para relacioná-los com residentes no Nordeste e no Sudeste, respectivamente, eles podem ter duas fontes principais de desigualdades de renda per capita média: (a) desigualdades de rendas entre indivíduos com os mesmos atributos produtivos simplesmente por viverem em regiões distintas; (b) desigualdades de rendas médias por existirem proporções diferentes de indivíduos com características distintas nas duas regiões, apesar de eles terem as mesmas rendas quando tiverem as mesmas características e viverem em regiões distintas. Obviamente essas duas fontes não são excludentes e podem coexistir em um determinado país. A seguir, uma discussão mais detalhada de suas implicações:

1. Desigualdades emergindo por diferenças nas remunerações dos atributos produtivos entre regiões.

Nesse primeiro caso, haveria tendência à migração de fatores de produção entre as bordas regionais, estimulada pelas disparidades de retorno dos fatores de forma que, por oferta e demanda, tenderia a haver convergência na remuneração dos fatores de produção e, por tal, de renda per capita entre as regiões. Quão eficientes são os mercados para gerar essa convergência passa a ser a questão.

Percebendo esse fato, algumas teorias exploram possibilidades de restrição à migração, com foco principal nas pessoas, em vez de no capital físico. Isso ocorreria pelos seguintes argumentos:

- *A existência de custos de migração.* O indivíduo poderá ter que gastar uma quantia de recursos para migrar, com vistas a pagar transporte de pessoas e bens que ele tenha que levar consigo. Além disso, ele gastará tempo para migrar, tendo que deixar de trabalhar e obter remuneração ao longo desse período. Ao chegar em outra região, ele poderá carecer de capital social para obter boa colocação no mercado de trabalho.[7] Com isso, ele poderá ter uma renda mais baixa do que um indivíduo com seus mesmos atributos. Essa perda de renda, pelo menos por um determinado período, também representa um custo da

7 Barros e Mesquita (2009) mostram que, ao migrar, quando não o faz com uma posição pré-contratada, o brasileiro obtém uma renda abaixo da que ele poderia obter dados seus atributos. Somente com o passar dos anos sua renda converge para a renda de um indivíduo nativo da região com os seus mesmos atributos.

migração.[8] Os estruturalistas latino-americanos, Celso Furtado entre eles, utilizaram uma versão radical desse argumento na qual a migração seria uma viagem para o desemprego e, por isso, os indivíduos não migram e os mercados de trabalho não arbitram entre as regiões.

- *A existência de amenidades que fazem com que alguns indivíduos prefiram morar em uma região em vez de em outras*, mesmo que para isso tenham que obter rendas mais baixas do que obteriam se migrassem.[9]
- *As diferenças de custos de vida entre as regiões compensam aquelas nas remunerações dos fatores de produção*. Elas são suficientemente elevadas para que, mesmo com menor renda na região mais pobre, os indivíduos nela residindo consigam obter um padrão de vida semelhante ao que teriam se migrassem e passassem a obter uma renda mais elevada na outra região, semelhante ao que recebem os indivíduos lá residindo que possuem os mesmos atributos que eles. Essas diferenças de custos de vida podem existir porque parte dos bens e serviços que compõem a cesta de consumo de um indivíduo são não transacionais. Por isso, seus mercados não serão totalmente arbitrados entre as regiões.[10]

Essas condições podem justificar a existência de diferenças na remuneração de atributos produtivos individuais, mesmo que não haja restrição legal à migração, como ocorre entre países. Por isso, várias explicações para desigualdades regionais, que consideram a

8 Ver Furtado (1959a e 1959b). Fujita *et alii* (1999, cap. 5) apresenta alguns modelos em que a migração também é descartada sob argumento semelhante ao de Furtado.

9 Glaeser e Gottlieb (2009), por exemplo, recorrem a esse argumento para explicar o equilíbrio com desigualdades regionais nos EUA, sem existência de qualquer tendência séria de convergência.

10 Glaeser e Gottlieb (2009) também utilizam esse argumento para justificar o equilíbrio encontrado nos EUA. Fujita *et alii* (1999) também incluem essa possibilidade no modelo deles do Capítulo 5.

existência de diferenças na remuneração de atributos produtivos semelhantes como uma de suas fontes, recorrem a pelo menos uma delas.

Outra visão para explicar o surgimento e a persistência das desigualdades regionais, com possível desequilíbrio entre rendas per capita de indivíduos com os mesmos atributos, tem prosperado recentemente nos meios acadêmicos. Nela, as diferenças nas instituições explicariam as desigualdades regionais.[11] A ideia é que as instituições que prevalecem em determinadas regiões forçam à baixa produtividade do trabalho. Como consequência, a produção por habitante é menor nessas regiões. A partir desse problema, as seguintes alternativas são possíveis: (i) a migração dos fatores de produção não resolveria essas diferenças em produtividade, pois ao se inserir nas regiões de mais baixo desenvolvimento eles se tornam menos produtivos do que nas regiões mais ricas por causa de entraves institucionais; (ii) as instituições poderiam gerar menos incentivos a investimentos em capital humano e por isso as desigualdades existiriam pelas diferenças em suas disponibilidades, mesmo que as remunerações de fatores iguais continuem as mesmas em todas as regiões. Nesse segundo caso, essa interpretação institucional sai desse conjunto de teorias que vê a possibilidade de remunerações diferentes para fatores de produção iguais persistirem e ingressa no conjunto que será discutido a seguir. Ou seja, as instituições passariam apenas a gerar diferenças de disponibilidade de atributos produtivos entre as regiões, não necessariamente gerariam desequilíbrio nas remunerações individuais de atributos similares empregados em regiões distintas.

11 Acemoglu e Dell (2010) trazem uma apresentação dessa hipótese para o caso regional e Naritomi, Soares e Assunção (2007) advogam-na para o caso específico do Brasil.

2. **Desigualdades emergindo por diferenças na disponibilidade relativa de atributos produtivos e remunerações deles semelhantes entre regiões.**

É bastante plausível, logicamente, que desigualdades regionais surjam por causa das diferenças na disponibilidade relativa de atributos produtivos entre residentes de regiões distintas, mesmo quando as remunerações dos diversos fatores de produção forem iguais nas diversas regiões. Por exemplo, mesmo que o retorno do capital seja o mesmo em todas as regiões brasileiras, é possível que a produção realizada em São Paulo tenha maior intensidade de capital físico ou humano relativo ao trabalho do que ocorre no Sertão Nordestino, onde as pessoas têm menos educação e trabalham com equipamentos menos sofisticados nos seus processos produtivos.

Entretanto, alguns modelos de equilíbrio entre regiões trabalham com apenas um bem na economia, e com funções de produção que geram a hipótese de que a produtividade marginal de um fator de produção depende da proporção dele em relação aos demais. Quanto maior for essa proporção menor será sua remuneração e vice-versa.[12] Por conseguinte, se a remuneração dos fatores de produção for a mesma nas diversas regiões, incluindo-se aí a remuneração do capital humano, a proporção entre eles utilizada nas produções locais será a mesma. Isso elimina a existência dessa segunda fonte de desigualdades regionais.

No Capítulo 5 será demonstrado que, na verdade, há uma falácia nesse argumento.[13] Ele só será correto se houver apenas um bem na economia ou todos os bens e serviços forem produzidos utilizando-se de funções de produções iguais. Quando essas duas hipóteses rompem, a igualdade entre rendas ou produções per capita regionais passa a ser um caso particular que só vai existir se houver uma coincidência muito improvável. Ou seja, mesmo com

---

12 Suposições neoclássicas básicas geram essa relação nas funções de produção.

13 Ver também Barros (2016, cap. 3), que é a versão original do modelo a ser apresentado no Capítulo 5.

mercados de fatores de produção bem arbitrados entre as regiões, deverá haver desigualdades regionais. Assim, as remunerações de todos os fatores de produção podem ser iguais nas diversas regiões e ainda assim as especializações produtivas podem gerar desigualdades regionais. Uma região com maior especialização relativa em bens e serviços, cuja relação entre capital — seja físico ou humano, ou ambos — e trabalho for maior, tenderá a ter maior renda per capita.

Nesse caso, não é necessário que haja qualquer restrição à migração para que haja desigualdades regionais e não haverá qualquer tendência à convergência, a não ser por acaso em momentos específicos, por mudanças de especializações momentâneas. Isso significa que em outros momentos poderá haver tendência a divergências pelas mesmas mudanças de especializações relativas. Dados para o Brasil, EUA e União Europeia, por exemplo, mostram que movimentos diferentes podem ser encontrados nos diversos países em períodos específicos, o que também é evidência de não convergência como regra.[14]

ESTRUTURA DO LIVRO

O livro possui, além dessa introdução, seis capítulos e uma conclusão. No Capítulo 1, apresentam-se evidências sobre as desigualdades regionais, a partir de estatísticas básicas. Entretanto, o foco é uma decomposição dessas desigualdades nas contribuições dos diversos fatores de produção a partir do método de contabilidade regional. A conclusão básica é que as desigualdades são fortes e são lideradas, principalmente, pela disponibilidade de capital humano.

O Capítulo 2 traz uma nova decomposição das desigualdades entre os PIBs per capita regionais no Brasil em seus principais componentes,

14 Ver Barros (2013) para evidências para o Brasil e os EUA e Melchior (2008) e Petrakos (2008) para a União Europeia.

mas nesse caso utilizando dados municipais e uma equação estimada econometricamente que deveria determinar o PIB municipal como função de diversas variáveis, entre elas o capital humano. Novamente, as conclusões mostram que o capital humano é de longe o principal responsável pelas desigualdades regionais. Quando se corrige para sua disponibilidade no Nordeste, equiparando-se ao que se encontra no Sul e Sudeste, as desigualdades regionais desaparecem.

O Capítulo 3 retorna à tentativa de identificar estatisticamente a natureza das desigualdades regionais e estimar sua magnitude entre indivíduos com os mesmos atributos produtivos. A conclusão básica é que se existe diferença de renda entre indivíduos com os mesmos atributos produtivos, ela é muito pequena. Ou seja, se conclui que dois indivíduos com os mesmos atributos produtivos, mas vivendo em regiões distintas, tendem a obter a mesma renda.

No Capítulo 4, analisa-se a evolução das desigualdades regionais ao longo do tempo, desde 1500 até anos recentes. Duas conclusões são importantes. A primeira é que as desigualdades regionais começaram a surgir com mais intensidade ainda no século XIX e consolidaram-se na primeira metade do século XX, tornando-se estável desde então. Somente recentemente parece haver tendência efetiva de redução dessas desigualdades, mas ainda em ritmo muito lento.

No Capítulo 5, apresenta-se um modelo formal em que há perfeita arbitragem dos mercados de fatores de produção e dos diversos bens e serviços produzidos. A partir desse modelo, mostra-se que quando há vários bens e vários fatores de produção, existe equilíbrio estável com desigualdades regionais. Além disso, a distribuição espacial de um fator de produção tem que ser exógena para que o equilíbrio e as diversas especializações produtivas sejam determinados. Nesse contexto, a distribuição espacial desse fator de produção pode definir as desigualdades de rendas per capitas regionais. Esse modelo é tomado de Barros (2016), que o utiliza para explicar a existência de equilíbrio com desigualdades de renda entre países. Ainda nesse mesmo capítulo, com um outro modelo, mostra-se que se houver uma distribuição regional desequilibrada de capital humano per capita entre regiões, essa desigualdade tende a se reproduzir entre gerações, caso não haja políticas públicas direcionadas para eliminá-la.

O Capítulo 6 analisa as causas fundamentais das desigualdades regionais no Brasil, ou do atraso relativo do Nordeste, mais precisamente, à luz de um aprofundamento da filosofia da história apresentada na Seção 3 dessa introdução. Apresenta-se uma hipótese para explicar o surgimento das desigualdades regionais na disponibilidade de capital humano per capita, e por que não houve convergência a partir de sua lógica interna de acumulação após o surgimento das desigualdades regionais ao longo do resto do século XX.

A conclusão resume, de forma mais expandida do que aqui, as conclusões de cada capítulo e como elas se relacionam com os diversos capítulos. Ainda nela, comparam-se os resultados encontrados neste livro com as hipóteses prévias, inclusive com aquilo que foi apresentado no livro anterior sobre esse assunto. Algumas das consequências das conclusões do livro para a política econômica também são analisadas nela.

Capítulo 1

EVIDÊNCIAS SOBRE DESIGUALDADES REGIONAIS NO BRASIL

INTRODUÇÃO

Geralmente associa-se as desigualdades regionais às diferenças de PIB per capita e ao nível de pobreza relativa de algumas regiões. É bem sabido que o PIB per capita não é uma medida muito precisa de bem-estar econômico, que, no fim, é o objetivo de todo desenvolvimento econômico. Entretanto, essa é a medida mais utilizada, por ter uma mensuração mais difundida e com alguma padronização em nível internacional. Recentemente, outras medidas, como o Índice de Desenvolvimento Humano, têm sido também utilizadas, mas elas ainda não têm a difusão e/ou a padronização necessárias. Por isso, aqui se recorrerá à mensuração de desenvolvimento através do PIB per capita.

Também apresentar-se-ão estatísticas sobre o percentual da população vivendo abaixo de uma linha de pobreza específica. Qualquer que seja essa linha, ela é arbitrária. Mas os comportamentos das distribuições de indivíduos nas diversas faixas de renda possuem características nas várias regiões que fazem a escolha da linha de pobreza não ter tanto impacto nas comparações entre regiões, afetando mais os valores absolutos para uma determinada região. Como esses últimos não serão o foco aqui, a escolha da linha de pobreza em si não será objeto de muita preocupação.

O capítulo está organizado como segue. A próxima seção apresenta o PIB per capita para as diversas regiões e para os estados brasileiros com vistas a mostrar que o Nordeste não só é mais pobre do que o Sul e o Sudeste como representa um cluster de pobreza, pois todos os seus estados possuem PIB per capita baixo quando se o compara ao dos estados dessas duas últimas regiões. A Seção 3 traz estatísticas regionais e estaduais para a população vivendo abaixo de uma linha de pobreza, enquanto a Seção 4 traz comparações das desigualdades regionais no Brasil com aquela encontrada em outros países. A Seção 5 apresenta uma decomposição das desigualdades regionais no Brasil nas contribuições dos principais fatores de produção e produtividade total dos fatores, enquanto a Seção 6 resume as conclusões e apresenta algumas ideias básicas para se entender a formação das desigualdades regionais.

DESIGUALDADES EM PIB E RENDA PER CAPITA

Apesar de todas as suas limitações, os dados do PIB per capita representam um bom sintetizador do nível de desenvolvimento relativo de um espaço econômico, seja ele país, região, estado ou mesmo município. Neles inclui-se a soma de todas as rendas geradas pelos indivíduos nos processos de produção realizados dentro daquele território. Isso significa que eles não capturam para a região do residente a renda gerada por ele cujos processos produtivos tenham sido realizados em outras regiões, algo muito comum quando se compara o desempenho de duas regiões em um mesmo país. Particularmente relevante nesse contexto é a renda do capital que pode ser gerada em uma região, mesmo que seu proprietário esteja a muitos quilômetros de distância. Obviamente isso ocorre no Brasil com frequência e em magnitude não trivial, já que as maiores empresas do país são geralmente de propriedade de residentes nos estados mais ricos — São Paulo, Rio de Janeiro e Minas Gerais — e operam em escala nacional.

Em economias com governo, as transferências de renda entre indivíduos a partir de definições institucionais surgem como um outro fator de discrepância entre o PIB per capita e o nível de bem-estar médio nas regiões. Muitas vezes, os indivíduos de uma região beneficiam-se mais que proporcionalmente dessas transferências e, portanto, geram distorções não triviais na capacidade do PIB per capita de representar as diferenças de bem-estar médio. Como as transferências no Brasil são principalmente direcionadas aos mais pobres, o Nordeste e o Norte podem se beneficiar bastante delas e, com isso, serem alvos de pobreza relativa menor do que a indicada pelo PIB per capita. Vale lembrar que essas transferências vão desde recursos para políticas públicas como saúde e educação, cuja apropriação não aparece na renda individual privada, até aposentadorias e programas como o Bolsa Família e o Bolsa Escola, que têm as suas apropriações compondo as rendas individuais.

Além dessas limitações das estatísticas de PIB per capita para comparar o nível de desenvolvimento entre regiões, elas também apresentam um outro problema, que é a não mensuração do estoque de riqueza construída, seja ela pertencente a indivíduos, como prédios e jardins, ou à sociedade como um todo, como praças, avenidas, parques etc. Essas riquezas podem afetar muito o bem-estar dos indivíduos. Ter uma determinada renda em uma cidade como Londres ou Paris tende a ser bem mais agradável e a proporcionar um padrão de vida bem mais confortável do que a mesma renda, já com as devidas correções pelas diferenças nos custos de vidas, em uma cidade pequena no interior do Nordeste brasileiro, ou mesmo no interior da Inglaterra ou da França.

O PIB per capita também não inclui nenhuma referência e não tem nenhuma capacidade de mensurar o desenvolvimento institucional de uma sociedade. Este, por sua vez, também pode ter impacto não trivial no bem-estar dos indivíduos. Viver em um país ou região em que as instituições públicas funcionem e sejam menos arbitrárias também pode alterar tremendamente o padrão de vida dos indivíduos. Particularmente relevante nesse caso é a capacidade delas de assegurarem a possibilidade de melhorias de bem-estar a partir de esforços individuais, dentro de regras claras de atuação. Por exemplo, a escravidão ou sistema limitante a partir de castas são restrições ao bem-estar geral. Esse problema também gera distorções nas comparações de PIB per capita entre regiões do Brasil, apesar de em menor escala do que ocorre em comparações entre países, dada a maior homogeneidade nas instituições dentro do mesmo país.

Apesar de todas essas dificuldades, ainda assim vale iniciar a discussão sobre a magnitude das desigualdades regionais pelo indicador de PIB per capita, pois boa parte da renda gerada em uma região é apropriada dentro dela mesma e os estoques de riqueza relativos entre regiões de qualquer forma tendem a estar fortemente correlacionados aos seus PIBs relativos anteriores. Além disso, o arcabouço institucional dentro de um país como o Brasil também tem um nível de semelhança razoável, apesar de todas as diferenças existentes. Por fim, as diferenças no desenvolvimento entre regiões muitas vezes são associadas pelo grande público às disparidades de PIB per capita. Por isso é importante começar as discussões pela comparação dessas estatísticas.

A Figura 1.1 traz a proporção do PIB per capita do Nordeste em relação às regiões brasileiras em 2015. Os dados são do IBGE. Conforme é possível verificar, ele representou 51,2% da média nacional e apenas 39,7% do encontrado no Sudeste. Em relação ao Sul e ao Centro Oeste, essa proporção atingiu 43,5% e 40,0%, respectivamente. Em relação ao Norte, região também pobre, essa proporção atingiu 81,7%. Os dados indicam que o Nordeste é realmente a região mais pobre do Brasil e que as diferenças de PIB per capita em relação às regiões mais desenvolvidas do país são muito elevadas.

Figura 1.1 Proporção do PIB per capita do Nordeste em relação ao das regiões - 2015

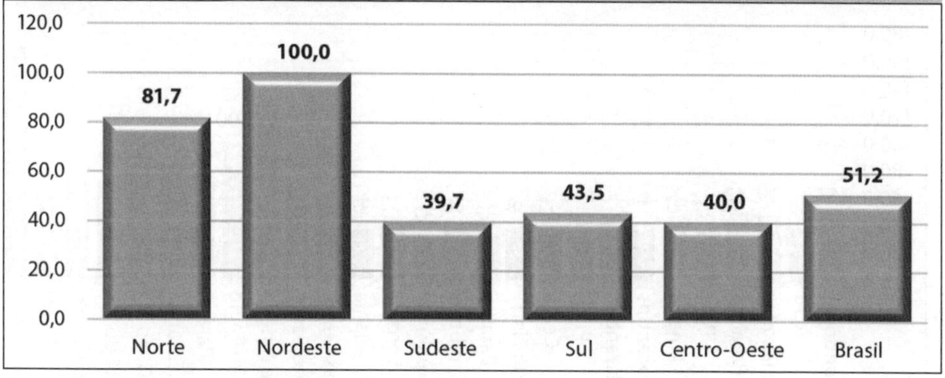

Fonte: IBGE, contas regionais.

É sabido que toda média pode esconder grandes variações entre seus componentes. Nesse caso específico, isso pode significar que as disparidades verificadas sejam produtos apenas de distorções nas médias geradas por poucos estados, por exemplo. Com vistas a verificar tal possibilidade, a Figura 1.2 traz a proporção do PIB per capita dos estados brasileiros em relação ao do estado de São Paulo, que é o segundo maior do país e o maior em termos absolutos. Nele, podemos ver que a pobreza relativa dos estados nordestinos é generalizada. Somente alguns estados do Norte, como o Pará e o Acre, atingem patamares baixos semelhantes aos dos estados da região Nordeste. O Centro-Oeste, por sua vez, claramente tem seu desempenho relativo distorcido na Figura 1.1 pela presença do Distrito Federal, que é a unidade da Federação com maior PIB per capita do país. Esses dados mostram que realmente o PIB per capita gerado no Nordeste é bem menor do que aquele gerado no Sul e no Sudeste, configurando-se assim a primeira evidência de que existe desigualdade regional no Brasil, sendo o Nordeste e o Norte as regiões perversamente afetadas por ela.

FIGURA 1.2 PROPORÇÃO (%) DO PIB PER CAPITA DOS ESTADOS EM RELAÇÃO AO DE SÃO PAULO - 2015

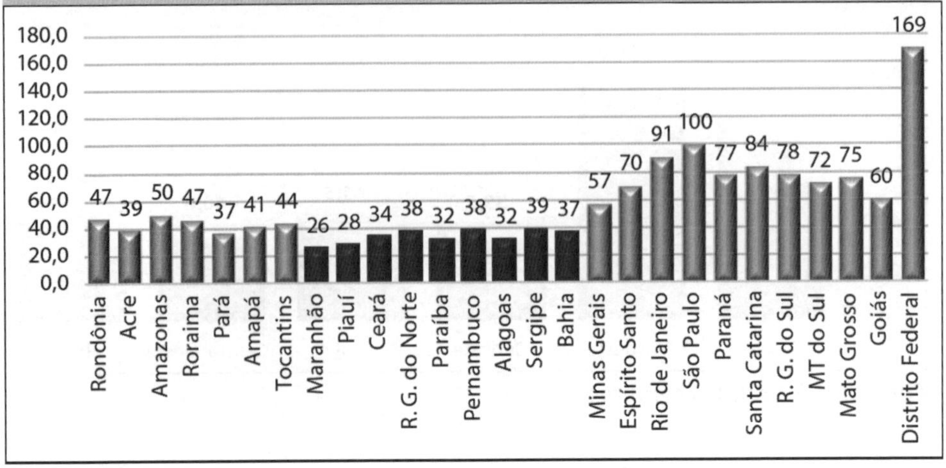

Fonte: IBGE, Contas Regionais.

Com vistas a tentar capturar o papel das transferências de renda para indivíduos entre regiões, seja por políticas públicas ou propriedades cruzadas de fatores de produção, elaborou-se o gráfico que aparece na Figura 1.3. Nele, cada estado representa um ponto; o eixo vertical mostra o rendimento per capita desse estado e o eixo horizontal, o PIB per capita dele. O rendimento per capita foi obtido a partir do rendimento mensal encontrado na PNAD de 2014 multiplicado por 13. Os dados de rendimento foram normalizados para que a média nacional fosse igual ao PIB per capita brasileiro. Introduziu-se no gráfico a linha de 45^0, que mostra os pontos em que o PIB per capita seria igual ao rendimento per capita. Pontos acima da linha mostram que o rendimento per capita do estado é maior do que o PIB per capita e vice-versa. Ou seja, quando o ponto está acima da linha de 45^0, os cidadãos do estado recebem transferências líquidas de outros estados, seja por políticas públicas ou por emprego de seus fatores de produção em outros estados. Quando está abaixo, eles fazem transferências líquidas para outros estados. Vale salientar que as transferências capturadas pela Figura 1.1 são apenas aquelas que são apropriadas pelos indivíduos em forma de renda. Serviços de saúde e educação prestados pelo SUS (Sistema Único de Saúde) e escolas públicas não são capturados nessa figura. Barros (2014) mostra que em alguns estados do Nordeste o total das transferências pode chegar a 25% do PIB, sendo a maioria delas não apropriadas por rendas individuais.

Figura 1.3 Rendimento e PIB per capita dos estados brasileiros, 2015

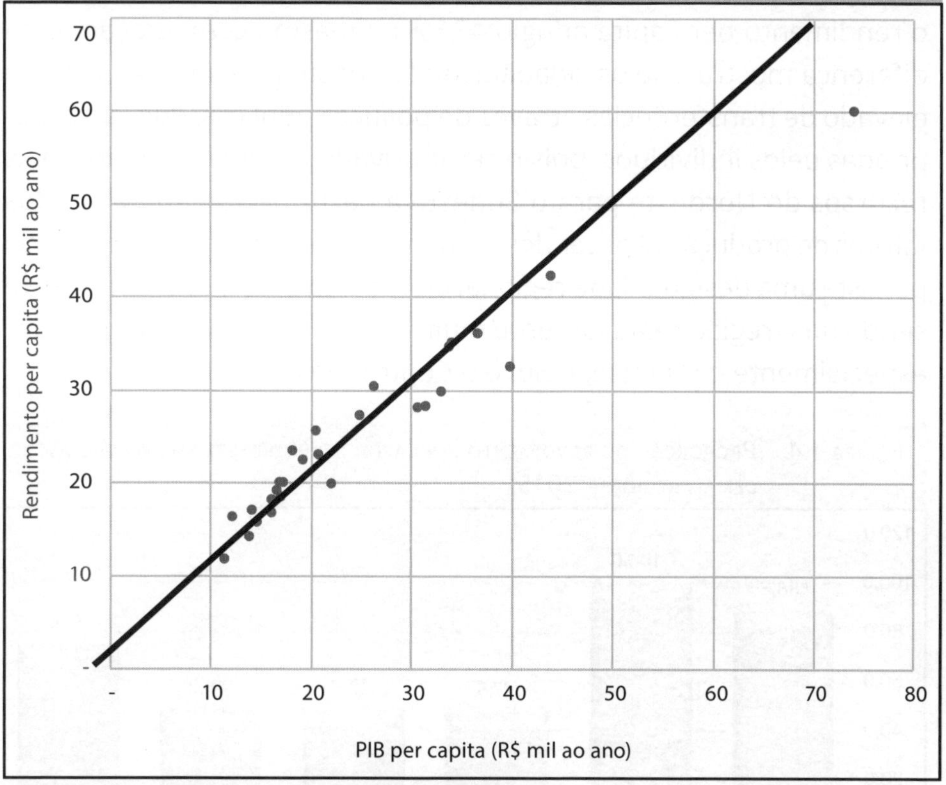

Fonte: IBGE, Contas regionais e PNAD anual.

Nota: O rendimento foi normalizado para que o total brasileiro fosse igual ao PIB.

Pode se perceber que os estados de menores PIB e rendimento per capita, que são os do Nordeste, recebem transferências de outros estados, enquanto os mais ricos fazem transferências. O Amazonas é uma exceção. Apesar de ter baixo PIB per capita, ainda assim faz transferências para outros estados. Provavelmente porque as remessas de lucros das empresas, instaladas na Zona Franca de Manaus, mais do que compensam a renda recebida por seus cidadãos através de políticas públicas.

Os dados de rendimento per capita para as regiões foram utilizados na Figura 1.4, que tem lógica semelhante à 1.1. Nela aparece o rendimento per capita no Nordeste como proporção do existente nas regiões brasileiras e no país como um todo. Enquanto o PIB per capita no Nordeste atingiu apenas 39,7% do verificado no Sudeste, o rendimento per capita atingiu 47,5% na mesma comparação. Essa diferença mostra que os cidadãos do Nordeste recebem um volume elevado de transferências através de políticas públicas, que são apropriadas pelos indivíduos, pois o setor privado tende a transferir mais recursos do Nordeste para o Sudeste a partir de remuneração dos fatores de produção. Apesar dessas transferências entre regiões, ainda persiste uma desigualdade regional elevada no Brasil, com o Nordeste sendo uma região relativamente muito mais pobre do que as demais, especialmente o Sudeste, o Sul e o Centro-Oeste.

FIGURA 1.4 PROPORÇÃO DO RENDIMENTO PER CAPITA NO NORDESTE EM RELAÇÃO ÀS DEMAIS REGIÕES - 2015

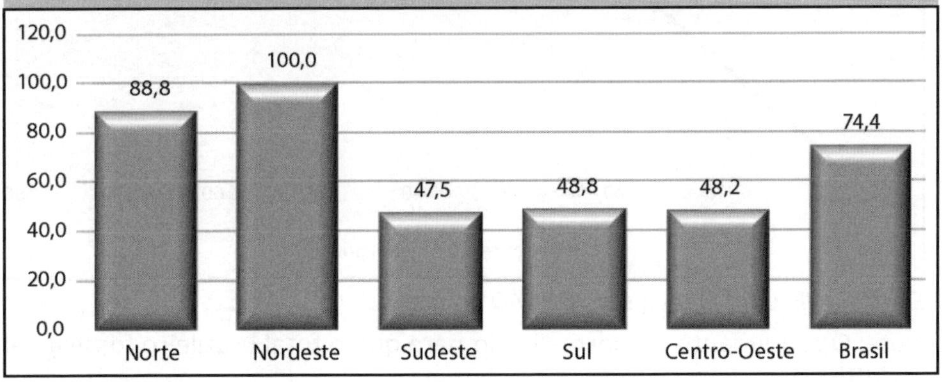

Fonte: IBGE, PNAD.

PROPORÇÃO DA POPULAÇÃO POBRE NO TOTAL

Um outro indicador de desigualdades regionais no Brasil é a proporção de pessoas vivendo abaixo de alguma linha de pobreza. Essa linha mais comumente é definida em rendimentos, medidos em unidades monetárias, por indivíduos vivendo em um mesmo domicílio. Dessa forma, são considerados pobres todos os indivíduos vivendo em domicílios cuja renda per capita domiciliar é abaixo do valor estabelecido como corte da linha de pobreza. Obviamente essa linha é arbitrária, pois há quase um contínuo de rendas domiciliares per capita em qualquer região ou país. Estabelecer um limite, a partir do qual qualquer pessoa residindo em domicílio com renda per capita domiciliar abaixo dessa linha for considerada pobre, vai deixar pessoas com rendas domiciliares muito próximas serem classificadas de formas diferentes. Entretanto, os cortes servem para dar uma ideia comparativa entre estados e regiões, que é o que se precisa aqui.

Os custos de vida são muito diferentes em regiões distintas e mesmo em cidades e bairros de uma mesma cidade. Obviamente, esses custos afetam muito o nível de bem-estar obtido com uma determinada renda. Mas é muito difícil estimar os custos de vida de cada domicílio para definir uma linha de pobreza para ele individualmente. Como consequência, a prática é criar agregações por estados, frequentemente dividindo-os em áreas rurais e urbanas, não se descendo a cidades específicas e muito menos a bairros. A medida utilizada aqui terá essa característica.

Sonia Rocha, com base na Pesquisa de Orçamento Familiar (POF) de 1987/88, definiu uma cesta básica e, baseada em preços que aparecem na própria POF, definiu linhas de pobreza tentando capturar as necessidades de demanda básica de uma pessoa e seu custo. Esses dados foram combinados com dados da PNAD para estimar o percentual da população vivendo abaixo da linha de pobreza nos diversos estados e regiões. O Instituto de Estudos do Trabalho e Sociedade (IETS) atualizou essas séries para vários anos, utilizando sempre dados da PNAD. As estimativas por região da população vivendo abaixo da linha de pobreza para 2014 aparecem na Figura 1.5.

Os dados mostram que havia 21,4% da população vivendo abaixo dessa linha de pobreza na região Nordeste, sendo esse o percentual mais elevado de todas as regiões brasileiras. Essa proporção é quase duas vezes a encontrada para o Sudeste e mais de cinco vezes a encontrada para o Sul. Ou seja, também por esse indicador, o Nordeste mostra-se uma região brasileira bem mais pobre do que as demais, sendo o Norte próximo ao Nordeste em nível de pobreza.

FIGURA 1.5. PROPORÇÃO DE POBRES NAS POPULAÇÕES DAS REGIÕES - 2014

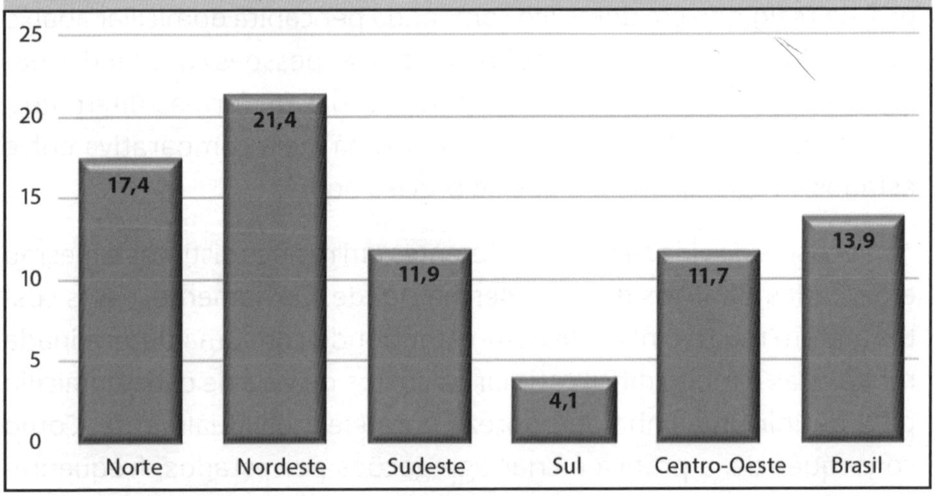

Fonte: IETS, calculado com base em dados do IBGE, PNAD.

DESIGUALDADES REGIONAIS NO BRASIL EM RELAÇÃO A OUTROS PAÍSES

Para se ter uma ideia das desigualdades espaciais no Brasil, comparado a outros países, apresenta-se, inicialmente algumas estatísticas de desigualdade regional, mais especificamente um Coeficiente de Gini regional. Ele é útil para comparar desigualdades entre regiões, sem incorrer no problema de dar muita ênfase aos valores extremos e não levar em consideração os espaços que se encontram entre os extremos, seja em PIB ou renda per capita[1].

Coeficientes de Gini regionais são apresentados na Figura 1.6 para uma seleção de 31 países e foram calculados para os PIBs per capita de unidades espaciais nesses países escolhidos pela OCDE[2]. Entre eles, o Brasil é o país com a quarta maior concentração regional, sendo superado pela Rússia, Índia e China. Apesar disso, todos os países apresentam algum nível de desigualdade regional, pois o Coeficiente de Gini regional seria zero caso isso não ocorresse. Vale salientar que o nível e a forma de agregação espacial afetam bastante o Coeficiente de Gini regional calculado. Quando se eleva a agregação espacial, o Gini regional cai. Isso implica que os resultados para os países da Figura 1.6 podem ser alterados se mudar a agregação espacial dentro deles.

As desigualdades regionais aparecem porque as unidades espaciais possuem especializações produtivas que diferem na intensidade dos diversos fatores de produção. Quando se obtém renda ou PIB per capita, está se considerando basicamente a produção ou a renda total e dividindo-se apenas por um dos fatores de produção, que no caso é o trabalho.[3] Se em uma determinada região houver maior especialização em setores produtivos que tiverem mais intensidade em capital humano ou físico, obviamente a composição total do produto ou renda apropriada pelos indivíduos fará com que essa região tenha um PIB ou renda per capita maior.

Quando se aumenta o tamanho físico da unidade espacial, mais bairros, distritos e cidades passam a ser incluídos. Assim, a chance de haver compensação em intensidade relativa de fatores de produção aumenta. Por isso, diminuem as desigualdades medidas pelo Coeficiente de Gini. Entretanto, como espaços circunvizinhos tendem a ter

1 Barros (2011b, cap. 3) traz uma discussão mais detalhada do conceito desse Coeficiente de Gini regional.

2 Essa figura foi extraída de Barros (2013).

3 Mesmo assim, de forma imperfeita, pois a taxa de atividade da população difere nas diversas unidades espaciais.

alguns atributos semelhantes, como formação histórica da população, considerando cultura e mesmo origem étnica, clima, relevo e demais atributos geográficos, que levam à semelhança em vantagens comparativas primárias, é comum haver mais semelhança na intensidade de fatores entre regiões próximas do que entre regiões longínquas.

FIGURA 1.6 COEFICIENTE DE GINI PARA PIB PER CAPITA REGIONAL

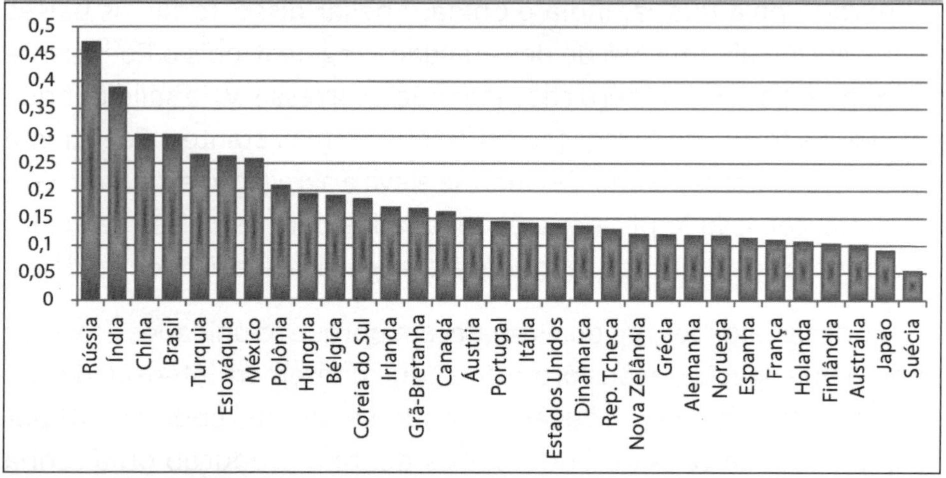

Fonte: OCDE para todos os países.

Nota: A forma de cálculo é ligeiramente diferente da apresentada no texto e os dados são sempre para os anos mais recentes disponíveis, em torno de 2007.

Esse processo de formação das desigualdades espaciais será mais discutido à frente, ainda neste capítulo. O que interessa aqui é perceber que o Brasil é um país com nível elevado de desigualdades regionais quando comparado aos demais países no mundo. Obviamente, o fato de o Brasil ser um país territorialmente grande faz diferença e é uma das razões para constar entre os países de maior desigualdade regional contido na amostra da Figura 1.6. Tanto que Rússia, China e Índia estão entre os países de maior desigualdade. Canadá, Estados Unidos e Austrália, também territorialmente extensos, contudo, possuem Índice de Gini regional menores do que o Brasil.

DECOMPOSIÇÃO DAS DESIGUALDADES REGIONAIS NO BRASIL

Tem sido prática, nas análises de desenvolvimento econômico, decompor as disparidades de renda entre países ou regiões entre os componentes de sua função de produção. Particularmente, tenta-se encontrar o quanto das desigualdades é explicado pela produtividade total dos fatores, pelo estoque de capital físico per capita e pelo estoque de capital humano per capita. Barros (2016, cap. 4) incluiu também a utilização de recursos naturais per capita como um dos componentes nessa decomposição, em comparação entre países.

Utilizamos nesta seção uma estimação da decomposição que não inclui recursos naturais, mas que compara o PIB per capita do Nordeste com o das demais regiões brasileiras. Para isso, inicia-se com uma função de produção Cobb-Douglas definida como:

$$Y = AK^{\alpha}(HL)^{1-\alpha} \quad \textbf{(1)}$$

Em que Y é a produção total, que será representada aqui pelo PIB total; K e H representam os estoques de capital físico total e humano por indivíduo empregado, respectivamente; e L é a quantidade de trabalho utilizada. A letra grega α é um coeficiente, tal que $0<\alpha<1$, e A é a produtividade total dos fatores de produção (PTF). A maior parte dos trabalhos acadêmicos que estimam a produtividade total dos fatores de produção, como Caselli (2005) e Hall e Jones (1999), geralmente utiliza uma função de produção semelhante a essa.[4]

A equação (1) terá uma contrapartida em valores por unidade de trabalho empregada para Y e K, que pode ser representada por:

$$y = Ak^{\alpha}H^{1-\alpha} \quad \textbf{(1')}$$

4 Ver também Daude e Fernández-Arias (2010) e Ferreira, Pessoa e Veloso (2013a e 2013b).

Em que as letras minúsculas representam as letras maiúsculas divididas pela quantidade de trabalho empregada.

Duas relações de equilíbrio no mercado sempre serão supostas como verdadeiras. São elas:

$$\frac{\partial Y}{\partial HL} = (1-\alpha)\frac{Y}{HL} = w \quad \textbf{(2)}$$

e

$$\frac{\partial Y}{\partial K} = \alpha\frac{Y}{K} = r \quad \textbf{(3)}$$

Essas duas relações são oriundas das condições de primeira ordem para maximização de lucro das firmas e implicam que as produtividades marginais do trabalho efetivo (aumentado pelo estoque de capital humano dos trabalhadores) e do capital físico são iguais ao salário e à taxa de retorno do capital, respectivamente. Se essas relações forem sempre verdadeiras, então:

$$(1-\alpha) = \frac{wHL}{Y} \quad \textbf{(2')}$$

e

$$\alpha\frac{Y}{K} = r \quad \textbf{(3')}$$

A primeira equação implica que a participação do rendimento total do trabalho no PIB per capita é igual a (1-α), e a segunda equação pode determinar a taxa de retorno do capital quando K, Y e α são determinados ou pode determinar K quando as demais variáveis e parâmetro são conhecidos.

Para estimar as variáveis em nível regional a partir das relações apresentadas, estimou-se, primeiro, o parâmetro α utilizando-se a equação (2'). Os dados para wHL/Y foram obtidos diretamente das contas regionais sob a ótica da renda, divulgadas pelo IBGE, que possui divisão do PIB entre remunerações, excedente operacional e impostos. wHL/Y foi considerada como sendo a proporção das remunerações sobre a soma de remunerações mais excedente operacional. Ou seja, os impostos foram supostos de serem divididos igualmente entre os dois outros componentes.

Com α conhecido para cada estado, região e para o Brasil como um todo, utilizou-se a equação (3') e os dados para a proporção Y/K para o Brasil da Penn World Table 9.0 para estimar r, o retorno do capital no país para cada ano. Supôs-se, então, que os mercados de fatores de produção arbitram plenamente entre as regiões brasileiras e, por consequência, que essa taxa de retorno do capital é exatamente a mesma para todos os estados e regiões. Pode se pensar que qualquer custo de fricção na necessidade de migração de fatores de produção entre regiões seria compensado por ajustes nos preços relativos, já que os bens e mercadorias também não migram perfeitamente entre as regiões, especialmente por causa da existência de bens e serviços não comercializáveis.

Apesar disso, essa suposição ainda é bastante forte, pois o nível de risco difere nos diversos estados por causa das especializações produtivas diferentes, que podem conter riscos intrínsecos diferentes, e das forças diferentes das instituições locais e outras relações sociais, como poder dos sem-terras e outras anomalias da sociedade brasileira. Entretanto, essa suposição de mesma taxa de retorno em todas as regiões é necessária para se estimar todas as variáveis da função de produção. Por isso será mantida.

Com Y, α e r definidos para cada estado e região, o estoque de capital físico K pode ser obtido a partir da equação (3´). A estimação do estoque de capital humano para cada região e estado, por sua vez, requer uma hipótese adicional: o rendimento do trabalho efetivo a cada ano pode ser considerado como a melhor estimativa para esse rendimento futuro do estoque de capital humano existente e efetivamente em utilização naquele ano. Com isso, encontrou-se o valor presente desse fluxo futuro de renda, considerando um fluxo infinito como uma aproximação e a taxa de retorno do capital físico como a taxa de atualização desse valor. Esse último recurso novamente parte do pressuposto de que os mercados são bem arbitrados e possuem níveis semelhantes de risco, não apenas entre regiões, mas também entre tipos de capital. Dessa forma, H foi estimado a partir da seguinte equação:

$$H = \frac{wHL}{1 - (\frac{1}{1+r})} \quad (4)$$

wHL para cada estado e região foi calculado a partir da equação (2') e r foi obtido como descrito acima.

Os dados para L foram obtidos da PNAD contínua (média dos quatro trimestres) para população empregada em cada estado e região. Com essa variável e já tendo estimado H, K, Y e α para cada região em cada ano, calculou-se a produtividade total dos fatores, A, a partir da equação (1). Assim, a função de produção foi totalmente estimada.

Com vistas a decompor as desigualdades regionais, obteve-se inicialmente o logaritmo natural da equação (1').

$$\ln y_i = \ln A_i + \alpha_i \ln k_i + (1 - \alpha_i) \ln h_i \quad (5)$$

O indexador i foi incluído para indicar que essa função de produção refere-se à região ou ao estado i. A partir da equação (5) criou-se uma outra em que se substituiu o αi pelo coeficiente para a região Nordeste, αn.

$$\ln y_i = \ln A_i + \alpha_n \ln k_i + (1 - \alpha_n) \ln h_i \quad (6)$$

Nessa equação o y_i^* é o PIB por trabalhador no estado ou região i, caso a função de produção prevalecente fosse a do Nordeste, pois os parâmetros são aqueles dessa última região. A partir desse PIB por trabalhador simulado (equação 6) e da equação (5), pode se obter:

$$\ln y_i - \ln y_n = (\ln y_i - \ln y^*) + (\ln y^* - \ln y_n) \quad \textbf{(7)}$$

Em que y_n é o PIB por trabalhador do Nordeste. A equação (6), junto com o logaritmo natural da equação (1'), pode expandir a equação (7) para:

$$\begin{aligned}\ln y_i - \ln y_n = (\quad y_i - \ln y^*) + (\ln A_i - \ln A_n) \\ + \alpha_n(\ln k_i - \ln k_n) + (1 - \alpha_n)(\ln h_i - \ln h_n)\end{aligned} \quad \textbf{(8)}$$

Dividindo-se ambos os lados pelo termo do lado esquerdo, obtém-se:

$$\begin{aligned}1 = \frac{(\ln y_i - \ln y_i^*)}{\ln y_i - \ln y_n} + \frac{(\ln A_i - \ln A_n)}{\ln y_i - \ln y_n} + \frac{\alpha_n(\ln k_i - \ln k_n)}{\ln y_i - \ln y_n} \\ + \frac{(1 - \alpha_n)(\ln h_i - \ln h_n)}{\ln y_i - \ln y_n}\end{aligned} \quad \textbf{(8')}$$

Os termos da equação (8') juntos apresentam a decomposição das desigualdades regionais do PIB por trabalhador. Cada termo tem um significado, que será definido como especificado na Tabela 1.1.

TABELA 1.1: TERMOS DA DECOMPOSIÇÃO DAS DESIGUALDADES REGIONAIS

Termo	Significado
$\frac{(\ln y_i - \ln y_i^*)}{\ln y_i - \ln y_n}$	Proporção do papel das diferenças estruturais nas diferenças de PIB por trabalhador.
$\frac{(\ln A_i - \ln A_n)}{\ln y_i - \ln y_n}$	Proporção do papel das diferenças em produtividade total dos fatores de produção nas diferenças de PIB por trabalhador.

Termo	Significado
$\dfrac{\alpha_n(\ln k_i - \ln k_n)}{\ln y_i - \ln y_n}$	Proporção do papel das diferenças em estoque de capital físico nas diferenças de PIB por trabalhador.
$\dfrac{(1-\alpha_n)(\ln h_i - \ln h_n)}{\ln y_i - \ln y_n}$	Proporção do papel das diferenças em estoque de capital humano nas diferenças de PIB por trabalhador.

Fonte: Elaboração própria.

RESULTADOS ENCONTRADOS

A Tabela 1.2 traz os principais resultados encontrados. Como podemos ver, a utilização de capitais físicos e humanos por trabalhador são os principais determinantes do atraso relativo do Nordeste em relação a todas as regiões e à média nacional como um todo, em todos os anos nos quais houve cálculos. Diferenças estruturais ou na produtividade dos fatores (PTF) são irrelevantes.

Em relação ao Sudeste, que é a região com o segundo maior PIB per capita e a maior população e PIB do país, a decomposição indica que o papel do capital físico e do capital humano estão sempre muito próximos a 50%. Quando se compara ao Sul, no entanto, o papel do capital físico é ligeiramente superior em todos os anos, girando em torno de 54%, enquanto o do capital humano gira em torno de 45% do total. Em relação ao Centro-Oeste, região com o maior PIB per capita do país, o capital humano desempenha papel ligeiramente superior ao do capital físico, mas ambos também são responsáveis por cerca de 50% do total.

TABELA 1.2 PROPORÇÃO DOS DIVERSOS COMPONENTES NAS DESIGUALDADES REGIONAIS DA REGIÃO EM COMPARAÇÃO AO NORDESTE (%)

	2012				2013				2014			
	Estrutural	PTF	k	h	Estrutural	PTF	k	h	Estrutural	PTF	k	h
Norte	-1,3	3,0	64,0	34,3	-1,3	4,0	67,2	30,1	-2,3	3,7	63,7	34,9
Sudeste	-0,5	0,7	50,0	49,8	-0,7	1,0	49,8	50,0	-0,6	0,9	50,1	49,6
Sul	-0,7	1,3	53,5	45,9	-0,6	1,7	54,9	43,9	-0,7	1,4	53,3	46,0
Centro-Oeste	-0,5	0,6	49,4	50,4	-0,5	0,6	48,0	51,9	-0,6	0,8	49,4	50,4
Brasil	-0,7	1,0	51,2	48,6	-0,9	1,3	51,3	48,3	-0,9	1,2	51,2	48,4

Fonte: Estimações próprias com base em dados do IBGE.

As Figuras 1.7, 1.8 e 1.9 mostram em um eixo cartesiano os pares ordenados de logaritmos naturais de capital humano e de capital físico por trabalhador para os anos de 2012, 2013 e 2014, cada ponto representando um estado. Neles, a correlação alta existente entre os estoques de capital físico e capital humano pode ser percebida. As equações para o logaritmo natural do capital físico, como função linear do logaritmo natural do capital humano, mostram essa correlação.[5] Se retirarmos o Distrito Federal, que sempre é o ponto mais alto em capital físico e humano por trabalhador em cada um dos gráficos, essa correlação é ainda mais alta.

5 Estimações foram feitas por mínimos quadrados ordinários.

FIGURA 1.7 RELAÇÃO ENTRE OS LOGARITMOS NATURAIS DOS CAPITAIS FÍSICO E HUMANO - 2012

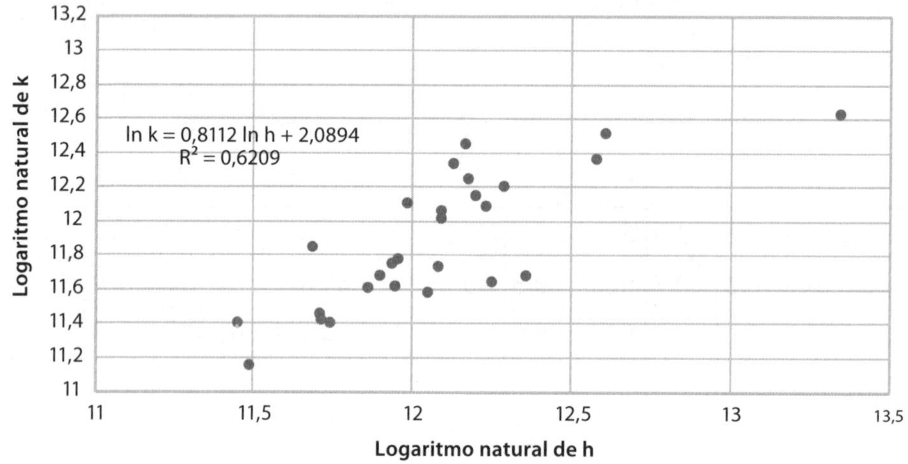

Fonte: Estimação própria com base em dados do IBGE.

Isso significa que uma parte não trivial do estoque de capital físico que se instala em uma região pode dirigir-se a ela atraído pelo estoque de capital humano existente, ou vice-versa. Ou seja, provavelmente há complementaridade entre capital físico e humano e isso causa migração de ambos entre as fronteiras regionais. Por isso, essa decomposição de fato não dá uma visão do papel de cada um dos dois tipos de capital na determinação das desigualdades regionais.

Se assumirmos que toda a correlação entre capital físico e humano é causada pelo ajuste do estoque de capital físico ao de capital humano na região, podemos definir uma equação como:

$$\ln k_i = \beta_0 + \beta_1 \ln h_i + e_i \quad \textbf{(9)}$$

Em que β_0 e β_1 são parâmetros. Se h_i for completamente independente de k_i, é possível se fazer uma estimação dessa equação em um modelo longitudinal por mínimos quadrados ordinários, como foi feito, e pelos principais resultados apresentados nas Figuras 1.7

a 1.9. Tal estimação supõe que os parâmetros β_0 e β_1 são os mesmos para todos os estados.

FIGURA 1.8 RELAÇÃO ENTRE OS LOGARITMOS NATURAIS DOS CAPITAIS FÍSICO E HUMANO - 2013

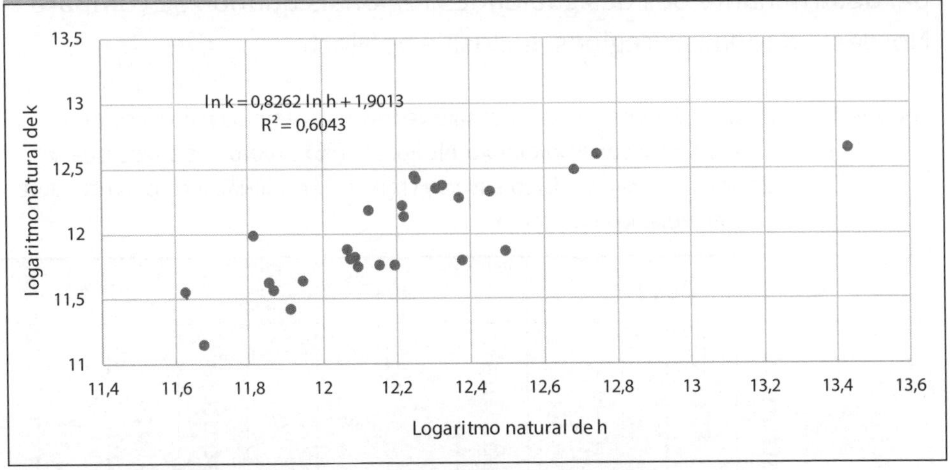

Fonte: Estimação própria com base em dados do IBGE.

FIGURA 1.9 RELAÇÃO ENTRE OS LOGARITMOS NATURAIS DOS CAPITAIS FÍSICO E HUMANO - 2014

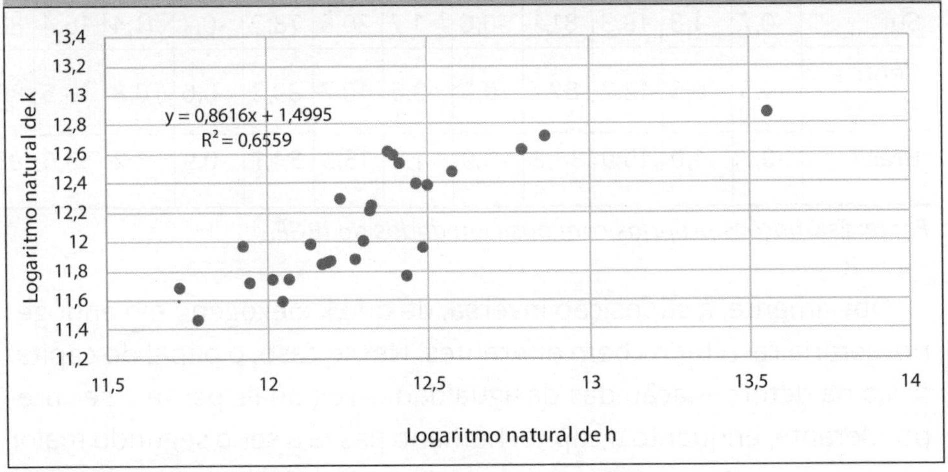

Fonte: Estimação própria com base em dados do IBGE.

A partir dessas estimações, é possível substituir a equação (9) na equação (8') e utilizar os parâmetros estimados para refazer as decomposições que aparecem na Tabela 1.2. Os resultados aparecem na Tabela 1.3. Eles indicam que o estoque de capital humano é o principal determinante das desigualdades regionais quando se compara o Nordeste a todas as regiões, inclusive ao Norte.

Tabela 1.3 Proporção dos diversos componentes nas desigualdades regionais da região em comparação ao Nordeste (%) quando se supõe que o estoque de capital físico é parcialmente determinado pelo estoque de capital humano da região

	2012				2013				2014			
	Estrutural	PTF	k	h	Estrutural	PTF	k	h	Estrutural	PTF	k	h
Norte	-1,3	3,0	37,4	60,9	-1,3	4,0	43,7	53,6	-2,3	3,7	36,2	62,4
Sudeste	-0,5	0,7	12,8	87,0	-0,7	1,0	12,7	87,0	-0,6	0,9	11,4	88,3
Sul	-0,7	1,3	18,3	81,1	-0,6	1,7	20,6	78,2	-0,7	1,4	16,4	82,9
Centro-Oeste	-0,5	0,6	12,2	87,7	-0,5	0,6	10,7	89,2	-0,6	0,8	10,5	89,3
Brasil	-0,7	1,0	15,0	84,8	-0,9	1,3	15,5	84,1	-0,9	1,2	13,6	86,1

Fonte: Estimações próprias com base em dados do IBGE.

Obviamente, a suposição inversa, de que k é exógeno e h endógeno, geraria resultados bem diferentes. Nesse caso, o papel do capital físico na determinação das desigualdades regionais passa a ser preponderante, enquanto o capital humano passa a ser o segundo maior componente. Ou seja, o papel de cada um particularmente deve ser revelado por outros métodos que não são os dessas simples decomposições apresentadas aqui.

CONCLUSÕES: O PROCESSO LÓGICO DA FORMAÇÃO DE DESIGUALDADES DE RENDA E PRODUÇÃO ENTRE ESPAÇOS

Até aqui apresentou-se alguns resultados que indicam que as desigualdades regionais no Brasil são elevadas e podem ser bem percebidas a partir da análise de dados básicos. Também se discutiu como elas podem ser decompostas entre os principais componentes de uma função de produção clássica, que é a Cobb-Douglas. Antes de concluir esse capítulo, vale uma discussão mais aprofundada sobre as razões das desigualdades regionais surgirem.

A organização da produção em uma economia de mercado ocorre com uma grande desigualdade na ocupação dos espaços. A maioria dos processos produtivos possui alguma forma de fixação espacial. Na agricultura, por exemplo, o que é semeado fica fixo no solo em que o trabalho foi realizado. A produção industrial também requer uma fixação geográfica, pois as plantas produtivas, geralmente, também se tornam efetivamente fixas, dados os custos para sua locomoção. Até mesmo nos serviços e comércio essa fixação geográfica ocorre na maior parte dos casos, apesar de poder haver fácil locomoção de uma parte razoável dessas atividades.

Quando se desce à produção de bens, mercadorias ou serviços muito específicos, todo processo produtivo está sujeito a ganhos de escala até um certo ponto da produção, que pode ser pequeno para um país, mas grande para uma unidade produtiva. Por exemplo, o refino de petróleo será mais eficiente se realizado em grandes unidades. Por isso as empresas, como a Petrobras, preferem concentrar essa atividade em poucas unidades produtivas no país e fazer investimentos apenas em postos de gasolina, que recebem os produtos já refinados e apenas os vendem aos consumidores. Ela certamente poderia fazer uma refinaria em cada local onde hoje se encontram postos de combustíveis, mas isso traria uma imensa perda de eficiência por causa dos ganhos de escala no processo produtivo.

Como consequência dessa tendência a se beneficiar de escalas na produção pelo lado das empresas, as pessoas, visando reduzir os custos e tempo perdido no transporte, também tendem a se aglomerar ao redor das oportunidades produtivas. Isso, contudo, eleva o custo da terra e, por isso, elas começam a se afastar cada vez mais dos polos produtivos. Outros fatores, como quão agradável é aquele local para residência, por exemplo, podem também influenciar a decisão de onde morar. Por exemplo, minas de carvão, granito ou mesmo de gesso podem gerar barulho e poluição do ar, o que não é agradável. Assim, as pessoas que lá trabalham tentam encontrar um local o mais perto possível, para minimizar o ônus do deslocamento, mas suficientemente afastado para não sofrer o impacto das externalidades negativas. Além disso, elas buscarão também alguns atrativos naturais que possam tornar a vida mais agradável. Elas sacrificarão o conforto de tempo para obter outros benefícios, tais como vistas, acesso a áreas de lazer, relevo e mesmo qualidade do ar.

De uma forma geral, e sendo um pouco mais rigoroso, pode se dizer que há forças centrípetas e centrífugas em uma economia que levam os indivíduos e as empresas a se agregarem ou a se afastarem no espaço. Alfred Marshall (1890, livro IV, cap. 10) já destacou algumas forças centrípetas, que foram:

i. A escala produtiva faz com que a produção demande alguma aglomeração de fatores de produção e, por tal, já cria uma propensão ao desequilíbrio espacial.

ii. Os custos de tempo e financeiro para transporte. Nesse caso, tanto para empresas e unidades produtivas como para indivíduos. Esses últimos, particularmente, querem gastar menos tempo e recursos, deslocando-se entre atividades de trabalho, lazer e outras necessárias à sobrevivência, como idas ao mercado para adquirir bens e serviços necessários ao dia a dia. As empresas, por sua vez, preferem se localizar próximas aos seus fornecedores de matérias-primas e mercados consumidores para evitar custos de transporte que reduzam as suas competitividades.

iii. A existência de complementaridades produtivas, de certa forma já contida no determinante anterior, também leva as empresas fornecedoras ou compradoras a se agregarem a um mesmo espaço, reduzindo, com isso, os custos de transporte.

iv. O fluxo de informações, seja ele sobre os aperfeiçoamentos no processo produtivo, novas opções de mercado ou variantes de produtos, é outro determinante da propensão à aglomeração. Ele também leva as empresas e pessoas a se agruparem para ter melhor e mais fácil acesso a ele.

v. A maior facilidade para as empresas obterem mão de obra adequada e para os trabalhadores conseguirem oportunidades de emprego também tende a induzir a aglomeração de várias empresas e pessoas em uma mesma área.

vi. As pessoas obterem oportunidades de convivência entre elas, seja para namoros e flertes ou mesmo para trocar ideias sobre oportunidades e processos produtivos, também é um determinante importante, que foi enfatizado por Glaeser (2011).

vii. A conveniência para comparar preços e variedades de um mesmo produto ou similares, seja pelos consumidores, quando vão às compras, ou pelas empresas, quando precisam adquirir insumos, matérias-primas e mesmo bens de capital, também gera ganhos com a aglomeração.

Além dessas forças centrípetas que levam à aglomeração, há também aquelas que afastam as pessoas. Entre elas, cabe destacar:

i. Custos do espaço físico. Quando as pessoas e as empresas começam a se aglomerar em uma determinada região, o preço do espaço físico começa a se elevar, por uma questão simples de oferta e demanda. A demanda maior por espaço físico, dada uma oferta fixa, faz com que os preços se elevem e com isso as pessoas começam a se afastar do ponto inicial de maior cobiça. Cada vez mais os preços dessas áreas próximas começam a aumentar também, e as empresas e pessoas começam a se instalar em lugares cada vez mais distantes.

ii. Perda de tempo por congestionamentos. Quando as aglomerações são muito grandes, as pessoas e mercadorias começam a perder muito tempo em congestionamentos e isso eleva os seus custos de transporte. Muitas vezes, isso faz com que as pessoas e empresas migrem de uma aglomeração para outra com menores congestionamentos.

iii. Poluição ambiental. As grandes aglomerações, como São Paulo ou Mumbai na Índia, podem levar a danos ambientais que reduzem a qualidade de vida dos habitantes locais. Isso pode induzi-los a se afastarem das regiões mais afetadas, sejam elas bairros em uma cidade ou mesmo cidades.

As forças centrípetas e centrífugas acima mencionadas são mais importantes na formação e definição das dimensões das cidades que correspondem a aglomerações econômicas importantes, com uso altamente intensivo do espaço físico. Apesar disso, elas também têm relevância na determinação da distribuição espacial da população e da produção e renda dentro das regiões, pois estas são formadas por conjuntos de cidades cercadas por áreas rurais e que normalmente possuem uma integração produtiva entre elas.

As cidades normalmente surgem após uma exploração primária e a facilidade que um local específico tem para representar um *hub* logístico, como para localização de um porto ou cruzamentos de vias terrestres, sejam elas ferroviárias ou rodoviárias. A partir daí começa a aparecer a aglomeração urbana, normalmente bem integrada a atividades primárias. Obviamente, há exceções a essa regra, como foi o caso de Salvador, que surgiu como centro administrativo do Brasil Colônia, definido pela facilidade de acesso a partir da Baía de Todos os Santos. Mas a maioria das cidades surgiu bem integrada com algumas atividades primárias e vantagens locacionais que motivaram a formação da aglomeração urbana.

Por causa da existência de ganhos de escala na produção de vários bens e serviços logo que surgem, as cidades integram-se a outras, fornecendo alguns deles e importando outros. Assim, elas terminam por formar um grande ladrilho de complementaridade entre elas, apesar de várias atividades serem encontradas em todas ou quase todas as cidades. Nessa divisão de trabalho entre cidades, algumas delas concentram-se em conjuntos de atividades cuja escala produtiva pode ser muito grande. Assim, elas passam a produzir esses bens e serviços para regiões muito afastadas delas mesmas, podendo inclusive ser em outros países.

Essas especializações parciais das cidades e suas regiões rurais circunvizinhas formam uma estrutura hierárquica entre elas, que termina por gerar níveis de especializações distintas. Assim, um país termina por ter uma estrutura entre cidades que pode ser representada como um organograma de uma empresa, com cidades de diversos tamanhos e especializações, relacionando-se com outras de forma distinta, com maior integração com cidades e áreas mais próximas e menor integração com áreas mais longínquas, apesar de estas continuarem a existir. Além disso, as cidades menores tendem a se relacionar mais fortemente com algumas maiores próximas, que possuem escalas em alguns bens e serviços que elas não têm. Com isso se tornam mais eficientes economicamente. As maiores, por sua vez, ganham escala em algumas atividades propiciadas por indivíduos vivendo além de suas fronteiras.

Por consequência dessas divisões de trabalho e integração entre as cidades na formação das regiões, cada cidadão no interior do Ceará, por exemplo, quando consome qualquer bem, provavelmente estará se beneficiando mais do que proporcionalmente de esforços produtivos realizados em Fortaleza do que em Curitiba, quando se compara esse consumo a outro semelhante realizado no interior do Paraná ou mesmo de Santa Catarina. Da mesma forma, um indivíduo em Recife, quando faz um ato de consumo, provavelmente estará consumindo mais bens ou serviços gerados em São Paulo do que em Nova York.

Essa estrutura, formada a partir da divisão do trabalho entre as cidades, faz com que sejam sempre formadas desigualdades tanto de renda como de produção entre regiões, sejam quais forem os limites dados a elas. Isso ocorre porque as atividades produtivas realizadas nas diversas cidades não são iguais. Nesse grande ladrilho, a que corresponde um país, cada cidade tem uma inserção específica, com suas especializações e características produtivas específicas. Por consequência, duas regiões aleatoriamente definidas em um mesmo país só terão PIB ou renda per capita iguais por coincidência, pois elas tenderão a ter especializações e estruturas produtivas diferentes e cada setor de atividade possui tecnologias relativamente eficientes com proporções diferentes entre os diversos fatores de produção. Essas desigualdades existirão, seja entre bairros em uma mesma cidade, seja entre cidades, e até mesmo entre regiões em um mesmo país. Aqui se viu que no Brasil elas são elevadas quando se dirige o foco para as grandes regiões ou estados. O problema então, dos próximos capítulos, será explicar por que elas são tão elevadas no país e por que o Nordeste, particularmente, ficou com um PIB per capita tão baixo comparado ao das demais regiões. Ou seja, a preocupação é com a dimensão das desigualdades regionais, não com a sua existência, que é natural.

CAPÍTULO 2

IDENTIFICAÇÃO DOS DETERMINANTES DAS DESIGUALDADES REGIONAIS BRASILEIRAS

INTRODUÇÃO

As desigualdades regionais brasileiras, conforme apresentadas no capítulo anterior, representaram durante muito tempo um desafio para a teoria ortodoxa no país, pois suas hipóteses principais supostamente levariam à igualdade das rendas per capita entre as regiões. Essa conclusão decorre do simples fato de que a arbitragem nos mercados de fatores de produção levaria suas remunerações a serem iguais em todas elas. Como o PIB per capita pode ser definido como função apenas dessas remunerações, ele então seria igual em todas regiões.[1] O presente capítulo pretende desenvolver mais essa tese e mostrar que essa conclusão radical é simplória e parte de falsos pressupostos. Ela é semelhante a tomar uma versão estática da Teoria Neoclássica, como aparece nos livros de graduação, e criticá-la por ser estática. Ou seja, toma-se uma versão simplificada da teoria e a critica por deformações introduzidas nesse processo de simplificação.

---

1 Abordagens menos restritivas do que essa, mas que enfatizam a arbitragem entre as regiões, podem ser encontradas em Pessoa (2001).

Assim sendo, o capítulo sai da versão simplificada e abstrata da teoria e conduz às conclusões dentro de sua lógica até chegar à explicação esperada das inter-relações concretas entre os números gerados pelas estatísticas públicas. A partir daí, tenta-se verificar se com os dados existentes e os métodos econométricos mais tradicionais pode se explicar, de forma razoável, as desigualdades regionais encontradas no país. Alternativamente, verifica-se se ainda há uma lacuna grande entre teoria e realidade, como vários estudos sugerem, e que possa indicar a necessidade de se recorrer a outras teorias para explicar esse fenômeno regional brasileiro.[2]

O capítulo está organizado como segue. Na próxima seção, percorre-se o caminho da Teoria Neoclássica Tradicional para a explicação dos números concretos, conforme eles aparecem na realidade. Na seção seguinte, apresenta-se o método econométrico e os resultados das primeiras estimações. A Seção 4 traz algumas simulações com os modelos estimados que permitem calcular o papel de outros determinantes das desigualdades regionais que não aparecem na equação composta a partir das hipóteses neoclássicas. Ela também apresenta simulações adicionais que geram algumas estatísticas que podem dar uma noção do papel relativo dos principais determinantes das desigualdades regionais entre Nordeste e Sudeste. A Seção 5 resume as principais conclusões do capítulo e discute suas consequências para a literatura regional brasileira.

DA TEORIA PARA OS DADOS

Para entender as conclusões da Teoria Neoclássica sobre as desigualdades regionais, pode se iniciar com uma firma representativa em uma região específica que se depara com uma função de produção

2 Para exemplo de trabalhos que sugerem que outras teorias seriam mais adequadas para explicar as desigualdades regionais, ver Azzoni et. al. (2000) e Monastério e Reis (2008).

tipo Cobb-Douglas, mas que é ligeiramente mais complexa do que a versão utilizada no capítulo anterior. Ela pode ser definida como:

$$Y = A\left[K^{\alpha}(HL)^{1-\alpha}\right]^{\delta} N^{1-\delta} \tag{1}$$

Em que Y é a sua produção, K é o estoque de capital físico, L é a quantidade de trabalho utilizada, H é o nível médio de capital humano, N é um índice de disponibilidade de recursos naturais e infraestrutura econômica e A é um coeficiente de produtividade, que reflete o desenvolvimento tecnológico na região. Para as derivações abaixo, será mais fácil restringir ainda mais a distribuição de H entre os trabalhadores e supor que em uma dada região todos têm o mesmo H médio. As letras gregas são parâmetros, tal que $0 < \alpha < 1$ e $0 < \delta \leq 1$. Note que se $\delta = 1$, essa função de produção converge para sua versão mais tradicional com apenas três fatores de produção, que é a versão do capítulo anterior. As conclusões a seguir são válidas também para esse caso particular. Por simplificação, supor-se-á que só há uma firma na região e que, por isso, a produção Y passa a ser também o seu PIB.

Essa firma representativa, então, maximiza seu lucro, que pode ser definido como:

$$\pi = PA\left[K^{\alpha}(HL)^{1-\alpha}\right]^{\delta} N^{1-\delta} - wHL - rK - \rho N \tag{2}$$

Em que w, r e ρ são as taxas de salário, de retorno sobre o capital e de retorno sobre os recursos naturais, respectivamente. P é um índice de preços dos bens e serviços produzidos na região e as demais variáveis são como definidas anteriormente. Por simplificação, supor-se-á que não há custos de transporte e que, portanto, os preços dos produtos gerados na região não dependem de especificidades do mercado em que ele é vendido, como distância do local de produção, por exemplo. Além disso, assume-se também, como comum em teoria, que não há depreciação dos fatores de produção e que não se utiliza matéria-prima e outros insumos no processo produtivo.[3] A condição de primeira ordem para a maximização do lucro definido na equação (2) gera:

$$\frac{\partial \pi}{\partial (HL)} = P\frac{(1-\alpha)\delta A\left[K^{\alpha}(HL)^{1-\alpha}\right]^{\delta} N^{1-\delta}}{HL} - w = 0 \tag{3}$$

A derivada acima foi feita supondo-se que o capital humano é visto pela empresa como um atributo intrínseco do trabalho, não podendo ela separá-lo do trabalhador. Assim, ela maximiza sua função lucro igualando a produtividade marginal do trabalho efetivo (ajustado pelo nível de capital humano) ao salário pago por esse trabalho. Da equação (3), utilizando-se a equação (1), pode-se obter:

$$\frac{Y}{B} = \frac{w}{(1-\alpha)\delta}\frac{H}{P}\frac{L}{B} \tag{4}$$

Em que B é a população. Assim, dadas as suposições anteriores, $\left(Y/_{B}\right)$ é o PIB per capita. Em logaritmo natural:

$$\ln\left(\frac{Y}{B}\right) = \ln\left(\frac{w}{(1-\alpha)\delta}\right) + \ln H - \ln P + \ln\left(\frac{L}{B}\right) \tag{5}$$

De forma simples e direta pode-se definir H, o índice de capital humano, como uma função dos anos médios de estudos e da qualidade da educação.[4] Assim, H=H(E, Q), em que E representa os anos médios de estudos e Q, a qualidade da educação. Nessa função $H_1(E, Q)>0$ e $H_2(E, Q)>0$. Ou seja, a primeira derivada da função em relação aos anos médios de estudo e à qualidade da educação são ambas positivas. Entretanto, não há razão para supor que essa função é linear,

3 Na verdade, essa suposição apenas altera a definição dos retornos sobre os fatores de produção.

4 Para os propósitos deste trabalho o componente decorrente da experiência será ignorado, já que ela tende a ser mais uniformemente distribuída entre regiões.

já que o acúmulo de capital humano pode conter não linearidades importantes.[5] Como forma genérica dessa função, estipulou-se que:

$$\ln H = \beta_1 \ln E + \beta_2 E + \beta_3 \ln Q + \beta_4 Q + e \qquad \textbf{(6)}$$

A vantagem de uma forma funcional como essa é que ela assegura boa flexibilidade para a primeira e a segunda derivadas das duas variáveis exógenas, E e Q no caso, podendo ambas ser positivas ou negativas. Mais particularmente, é possível que a primeira derivada seja positiva e ainda assim a segunda possa ser tanto positiva como negativa. O termo aleatório *e* foi introduzido porque outros componentes não inseridos na equação (6) também podem afetar o capital humano, como o ambiente doméstico[6] e a disponibilidade das empresas para ofertarem treinamentos, por exemplo. Substituindo essa função (6) na equação (5) obtém-se:

$$\ln\left(\frac{Y}{B}\right) = \ln\left(\frac{w}{(1-\alpha)\delta}\right) + \beta_1 \ln E + \beta_2 E + \beta_3 \ln Q + \beta_4 Q - \ln P + \ln\left(\frac{L}{B}\right) + e \qquad \textbf{(5')}$$

Para a estimação da equação (5´) com dados municipais, como será feito a seguir, é necessário encontrar uma medida de preços relativos nos produtos das empresas erradicadas nos municípios. Entretanto, esses dados não existem no Brasil. Assim, para superar essa dificuldade, postulou-se uma função para determinação dos preços com a seguinte especificação[7]:

---

5 Estudos mostram que o retorno da educação, obtido a partir de equações do tipo da de Mincer por diploma (ensino fundamental, médio, superior), pode ser diferente. Ver por exemplo Psacharopoulos e Ng (1992) e Psacharopoulos (1993). Ver também Barbosa Filho, Pessoa e Velloso (2009) e Barbosa Filho e Pessoa (2013).

6 Barros e Mesquita (2008) apresentam estimação de modelo para capital social em que o papel do ambiente doméstico é confirmado.

7 Segal (1976) traz evidências para os EUA de que existe relação entre custos de produção e o tamanho das cidades. Ver também Ciccone e Hall (1996).

$$\ln P = \phi_1 \ln B + \phi_2 B + \phi_3 \ln R + \phi_4 R + \phi_5 U + \phi_6 \ln U + v \quad (7)$$

Em que B é a população, R é a área do município e U é sua parcela de população urbana. Ou seja, assumiu-se que o custo de vida é uma função da população, da área e da proporção da população urbana sobre o total. A primeira relação advém do efeito nos custos dos serviços não transacionáveis, que tendem a se elevar com o tamanho das cidades. A renda da terra sobe com a maior densidade urbana, e com ela os preços dos bens e serviços ofertados que não são transacionais.[8] Nessa relação, entretanto, não se pode desprezar também alguns possíveis efeitos aglomeração.[9] Menor necessidade de treinamentos dos trabalhadores, maiores facilidades de venda com baixos custos de transporte e outros efeitos do gênero podem dar uma maior eficiência às firmas e, por isso, levar à possibilidade de ofertar seus bens e serviços a preços mais baixos.

A densidade urbana U tem efeito semelhante à população, mas principalmente permite que as populações urbana e rural tenham efeitos diferentes sobre a pressão nos preços da terra nas cidades. A área é um indicador de quanto da agropecuária vive em função daquela cidade. Quanto maior for esse indicador, maior tenderá a ser o custo da terra na área urbana, pois maior a rentabilidade dos empreendimentos que nela se instalam. Assim, os custos com aluguéis e outros serviços também podem subir. Alguns serviços, contudo, podem obter maiores escalas quando as cidades crescem e eles passam a ser ofertados para um número maior de pessoas. O custo com pessoal no comércio, por exemplo, deve seguir essa tendência. Consequen-

---

8 Ver capítulo anterior, Seção 6, para uma discussão mais detalhada dessa relação.

9 Há vários estudos que mostram a capacidade do efeito aglomeração elevar a eficiência e por isso possibilitar a redução de preços pelas empresas. Ver, por exemplo, Glaeser (1998). Glaeser e Gottlieb (2009) trazem uma discussão desses dois efeitos, inclusive com testes empíricos dessas hipóteses para dados americanos. Ciccone e Hall (1996) e Combes et. Al. (2010) trazem testes empíricos que dão suporte à relação entre aglomeração e produtividade.

temente, alguns preços podem cair quando há variação em B, U e/ou R por causa dessa redução de custos.

Assim como no caso do capital humano, também se permitiu que os determinantes dos preços pudessem ter uma relação não linear com eles, como foi expresso na equação (7). Não havendo mais definições teóricas nessa relação, a forma especificada naquela equação teve como objetivo assegurar flexibilidade na relação postulada. A substituição da equação (7) na (5´) gera:

$$\ln\left(\frac{Y}{B}\right) = \ln\left(\frac{w}{(1-\alpha)\delta}\right) + \beta_1 \ln E + \beta_2 E + \beta_3 \ln Q + \beta_4 Q - \\ - \phi_1 \ln B - \phi_2 B - \phi_3 \ln R - \phi_4 R - \phi_5 U - \phi_6 \ln U + \ln\left(\frac{L}{B}\right) + e - v \qquad \text{(5'')}$$

Até então não se recorreu à condição de arbitragem nos mercados de fatores de produção. Além disso, os desenvolvimentos já apresentados excluíram a taxa de retorno do capital e a remuneração dos recursos naturais da equação de definição do PIB per capita. Isso só é possível por causa da relação unívoca de cada uma dessas remunerações com os salários em um modelo com função tipo Cobb-Douglas. Assim, basta introduzir a condição de arbitragem no mercado de trabalho e as demais, dos outros mercados de fatores, também serão satisfeitas. Essa condição pode ser expressa como:

$$\frac{w_i}{C_i h'_i} = \frac{w_j}{C_j h'_j} \qquad \text{(8)}$$

Em que i e j representam dois espaços geográficos quaisquer no país, podendo representar também municípios distintos. As variáveis C e h' representam o custo de vida e as horas dedicadas ao trabalho por período, respectivamente. Assim, a equação acima está afirmando que a arbitragem no mercado de trabalho faz com que os salários reais (divididos pelos custos de vida) nos dois municípios i e j, quando transformados em salários horários (divididos pelas horas dedicadas ao trabalho), sejam iguais. Ou seja, se isso não ocorrer, vai haver migração de forma que as ofertas relativas serão alteradas e o mercado de trabalho volta ao equilíbrio arbitrado.

A partir da equação (8), escolhendo-se um município qualquer para ser o padrão, pode se definir para todos os municípios a seguinte relação:

$$\ln w_i = \ln C_i + \ln h_i' + \ln \frac{w_0}{C_0 h_0'} \tag{9}$$

Substituindo-se essa equação na (5''), obtém-se:

$$\ln\left(\frac{Y_i}{B_i}\right) = \beta_0' + \beta_1 \ln E_i + \beta_2 E_i + \beta_3 \ln Q_i + \beta_4 Q_i - \phi_1 \ln B_i - \phi_2 B_i - \phi_3 \ln R_i - \phi_4 R_i - \\ - \phi_5 U_i - \phi_6 \ln U_i + \ln\left(\frac{L_i}{B_i}\right) + \ln C_i + \ln h_i' + (e - v) \tag{10}$$

Em que $\beta_0' = \ln\left(\frac{1}{(1-\alpha)\delta}\right) + \ln\left(\frac{w_0}{C_0 h_0'}\right)$. Assim como os preços dos bens e serviços produzidos no município, o custo de vida C_i também não é observado. Entretanto, pode se definir uma equação semelhante à (7) para os custos de vida nos diversos municípios, apesar de os parâmetros da relação que a definem provavelmente serem diferentes.[10] Assim pode se representar ln C_i como:

$$\ln C_i = \psi_1 \ln B_i + \psi_2 B_i + \psi_3 \ln R_i + \psi_4 R_i + \psi_5 U_i + \psi_6 \ln U_i + z_i \tag{11}$$

10 Alguns estudos mostram a relação do custo de vida com o tamanho das cidades e a sua densidade, que é a base da equação apresentada. Ver, por exemplo, Cebula (1980), Langston, Rasmussen e Simmons (1985), Glaeser (1998), Glaeser e Gottleb (2009).

As horas dedicadas ao trabalho também não podem vir direto da teoria para os números concretos, pois existe uma diferença entre o conceito utilizado na racionalidade do trabalhador e o mensurado na realidade. O trabalhador sabe que o tempo dedicado ao trabalho é maior do que aquele em que está inserido no processo produtivo, pois envolve transporte e sua preparação pessoal para ir trabalhar. Além disso, ele também sabe que o esforço produtivo real não cresce em uma proporção de um para um com as horas trabalhadas, já que expedientes mais longos incluem maior número de horas dedicadas a atividades não produtivas, como interação social. Assim, podemos representar as horas dedicadas ao trabalho como:

$$h_i' = Z_i h_i^{\gamma} B^{\lambda} \left(\frac{L}{B} \right)^{\eta} \quad \textbf{(12)}$$

Em que h_i é o tempo de trabalho medido em horas semanais e as demais variáveis são como definidas anteriormente. Também temos que $0 < \gamma < 1$, $0 < \lambda < 1$ e $-1 < \eta < 0$ são parâmetros e Z_i é um coeficiente de transformação de unidades. Essa função diz que o tempo dedicado ao trabalho h' cresce com as horas efetivamente trabalhadas h, com a população B, e decresce com a taxa de atividade da população (L/B). A relação com as horas efetivamente trabalhadas pode ser explicada pelo que foi dito no parágrafo anterior, pois quando essas últimas crescem, as horas dedicadas ao trabalho não crescem na mesma proporção. A população e a proporção da população ocupada entram nessa função como *proxies* para o tempo de deslocamento ao trabalho. Como a população já representa o tamanho das cidades e, por consequência, as distâncias que serão percorridas, a taxa de atividade representa a propensão à maior eficiência no sistema de transporte quando há maior pressão política da população que trabalha. Daí o sinal negativo do seu expoente.

Substituindo-se as equações (11) e (12) na equação (10), após extrair o logaritmo natural dessa última, obtém-se:

$$\ln\left(\frac{Y_i}{B_i}\right) = \beta_0 + \beta_1 \ln E_i + \beta_2 E_i + \beta_3 \ln Q_i + \beta_4 Q_i + \beta_5 \ln B_i + \beta_6 B_i + \beta_7 \ln R_i + \beta_8 R_i + $$
$$+ \beta_9 U_i + \beta_{10} \ln U_i + \beta_{11} \ln\left(\frac{L_i}{B_i}\right) + \beta_{12} \ln h_i + u_i \qquad \textbf{(10')}$$

Em que $u_i = e_i - v_i + z_i$, $\beta_0 = \beta_0' + \ln Z_i$, $\beta_5 = \lambda + \psi_1 - \phi_1$, $\beta_6 = \psi_2 - \phi_2$, $\beta_7 = \psi_3 - \phi_3$, $\beta_8 = \psi_4 - \phi_4$, $\beta_9 = \psi_5 - \phi_5$, $\beta_{10} = \psi_6 - \phi_6$, $\beta_{11} = 1 + \eta$, e $\beta_{12} = \gamma$.

Essa foi a equação que serviu de base para as estimações econométricas para gerar estatísticas para a desigualdade regional a partir do modelo ortodoxo com perfeita arbitragem dos fatores de produção entre regiões, e sob a suposição de que as funções de produção podem ser razoavelmente aproximadas por uma função tipo Cobb-Douglas.

A equação (10') pode ser vista também como uma decomposição ortogonal do PIB per capita em componentes conhecidos e incluídos no vetor X, definido como o conjunto de variáveis incluídas no lado direito da equação (10') e um componente desconhecido, que representa a fonte não prevista das desigualdades regionais. Na sua composição preconizou-se que essas fontes não previstas de desigualdade regional seriam decorrentes de imprecisões na estimação das diferenças em (i) preços dos produtos locais; (ii) custo de vida local e (iii) capital humano. Isso seria verdade na hipótese de que os mercados de fatores de produção estivessem perfeitamente arbitrados.

Entretanto, se não houver arbitragem perfeita, pode se substituir a equação (8) pela (8').

$$\frac{w_i}{C_i h_i'} = \frac{w_0}{C_0 h_0'} \Omega_i \qquad \textbf{(8')}$$

Em que Ω_i é um multiplicador do salário no município i, quando ele é comparado ao do município padrão. Se $\Omega_i > 1$, o município i estará gerando um salário maior do que o do município padrão. O contrário estará acontecendo se $\Omega_i < 1$. Arbitragem entre os dois municípios será perfeita se $\Omega_i = 1$, como se supôs anteriormente. Com essa modificação da equação (8), o erro da equação (10') passa a ser $u_i = e_i - v_i + z_i + \ln \Omega_i$. Por construção, o município padrão passa a ser aquele que gera $\sum_{i=1}^{n} \text{h } \Omega_i = 0$, em que n é o número de municípios do país.

ESTIMAÇÕES COM DADOS DO CENSO DE 2000

A equação (10') foi estimada com dados do censo de 2000 para dados municipais. Cada município representa uma amostra. Somente os dados para qualidade da educação, para área do município e para PIB per capita tiveram outras fontes. A primeira veio do ENEM (Exame Nacional do Ensino Médio) de 2005[11], a segunda do IBGE e a terceira também dessa mesma fonte, porém, de suas contas regionais. A Tabela 2.1 traz a descrição mais precisa das variáveis que foram utilizadas para cada uma das teóricas que aparecem na equação (10').

11 A escolha desse ano baseou-se em dois critérios, que foram maturidade do exame e abrangência municipal dos dados. Recuar no tempo sacrificaria ambas as variáveis e avançar mais sacrificaria a abrangência dos dados disponíveis. Os dados foram obtidos diretamente do INEP.

TABELA 2.1: DESCRIÇÃO DAS VARIÁVEIS QUE FORAM UTILIZADAS NAS ESTIMAÇÕES

Variável	Descrição
$\frac{Y}{B}$	PIB per capita, obtido das contas regionais do IBGE para 2000, sendo os dados de população do Censo de 2000.
E	Anos médios de estudo da população com mais de 10 anos, obtidos do Censo de 2000.
Q	Desempenho médio dos estudantes do município que prestaram o ENEM em 2005. Somente a nota da prova objetiva foi considerada.
B	População do município segundo dados do Censo de 2000.
R	Área do município segundo dados do IBGE.
U	Proporção da população urbana no total, ambas obtidas do Censo de 2000 do IBGE.
$\frac{L}{B}$	Proporção da população ocupada sobre a total do município, ambas obtidas do Censo de 2000.
h	Horas médias trabalhadas no município em 2000, também obtidas dos microdados do Censo de 2000.

Fonte: Elaboração própria.

Vários métodos de estimação foram utilizados. Mais particularmente, utilizou-se o Método dos Momentos Generalizados (GMM), o Método dos Mínimos Quadrados Ordinários (OLS) e o Método dos Mínimos Desvios Absolutos. Em todos esses casos as variâncias dos erros foram ponderadas pela população do município[12]. Essa ponderação é importante, porque há muita diferença no valor das variáveis endógenas, e mesmo das exógenas, por tamanho dos municípios.

12 Por causa da instabilidade dos coeficientes, no OLS recorreu-se ao logaritmo natural dessa variável na ponderação dos erros.

A amostra contém todos os municípios brasileiros para os quais todas as variáveis estavam definidas[13]. Incluiu-se, também, uma série de modelos (três, um para cada método) nos quais há, entre as variáveis independentes, *dummies* regionais, sendo uma para cada região, com exceção do Sudeste, que se tornou o padrão de comparação. O papel dessas *dummies* é permitir que as *proxies* para preços possam ser inadequadas, assumindo-se que suas ineficiências podem ter um viés regional. Outra possibilidade é que o Ω médio de cada região, assim como foi definido na equação (8), seja diferente. Em ambos os casos, as *dummies* podem introduzir correções adequadas ao modelo e assim elevar sua aderência aos dados.

As Tabelas 2.2, 2.3 e 2.4 apresentam as estimações com cada um dos métodos, e com dois modelos cada uma delas, um sem *dummies* regionais e um segundo incluindo *dummies* regionais. A maior parte dos coeficientes estimados confirma as expectativas teóricas, conforme apresentadas anteriormente, apesar de a maioria desses coeficientes não ter muito significado em si e não estar sujeita a muitas restrições a partir da teoria. Mais importante do que a análise de coeficientes, nesse caso, são as simulações que podem ser feitas a partir das estimações dos modelos. A próxima seção apresenta-as.

13 Cerca de 50 municípios não dispunham de dados do ENEM e ficaram de fora.

TABELA 2.2: MODELOS ESTIMADOS POR MÉTODO DOS MOMENTOS GENERALIZADOS (GMM)

Variáveis	GMM sem dummies			GMM com dummies		
	Coef	T-Student	Signif	Coef	T-Student	Signif.
Constante	-4,5636	-3,1365	0,0017	0,2294	0,1647	0,8692
Anos médios de estudo	0,6926	9,2606	0,0000	0,6248	9,8145	0,0000
Log anos médios de estudo	-1,3802	-4,7026	0,0000	-1,3599	-5,8223	0,0000
Qualidade da educação	-0,0847	-4,8483	0,0000	-0,0502	-3,0706	0,0021
Log qualidade da educação	3,2684	5,5587	0,0000	1,8352	3,3389	0,0008
População	0,0227	0,7848	0,4326	0,0466	1,8624	0,0625
Log população	-0,1220	-11,3056	0,0000	-0,1133	-9,0562	0,0000
Área do município	0,0000	1,0325	0,3019	0,0000	2,7481	0,0060
Log área do município	0,0245	2,2598	0,0238	0,0617	5,5730	0,0000
População urbana/total	-0,0358	-0,2512	0,8016	0,1537	1,1279	0,2594
Log população ocupada/total	0,4699	9,9614	0,0000	0,3815	8,7566	0,0000
Log horas médias trabalhadas	1,1003	9,7299	0,0000	0,8261	7,4107	0,0000

Variáveis	GMM sem dummies			GMM com dummies		
	Coef	T-Student	Signif	Coef	T-Student	Signif.
Log participação da população urbana no total	-0,1480	-2,7740	0,0055	-0,1096	-2,2052	0,0274
Dummy Nordeste				-0,2275	-5,9748	0,0000
Dummy Norte				-0,4755	-11,4933	0,0000
Dummy Centro-Oeste				-0,1271	-3,4154	0,0006
Dummy Sul				0,1910	7,1871	0,0000
Amostra	5431			5431		
R^2	0,9853	R^2 ajustado	0,9853	0,9865	R^2 ajustado	0,9865

Fonte: Elaboração própria.

Nota: Nesses modelos incluiu-se entre as variáveis instrumentais, além das variáveis independentes: (i) população do município ao quadrado; (ii) Horas semanais médias trabalhadas no município, sem logaritmo; (iii) Coeficiente de Gini do município, em nível e seu logaritmo; (iv) esperança de vida ao nascer no município e seu logaritmo; (v) taxa de alfabetização no município e seu logaritmo; (vi) percentual de população vivendo em domicílios com renda per capita abaixo de meio salário mínimo em 2000 e seu logaritmo. Todas essas estatísticas foram definidas para o ano de 2000 e foram calculadas a partir de dados do Censo do IBGE para aquele ano.

Tabela 2.3: Modelos estimados por Método dos Mínimos Quadrados Ordinários (OLS)

Variáveis	OLS sem dummies			OLS com dummies		
	Coef	T-Stat	Signif	Coef	T-Stat	Signif
Constante	-2,768597	-2,70485	0,006855	0,664648	0,64884	0,516468
Anos médios de estudo	0,703581	19,38552	0,000000	0,602197	16,75802	0,000000
Log anos médios de estudo	-1,500627	-9,94705	0,000000	-1,355000	-9,18645	0,000000
Qualidade da educação	-0,054668	-4,60118	0,000004	-0,035137	-2,99356	0,002770
Log qualidade da educação	2,394900	5,91410	0,000000	1,435361	3,57981	0,000347
População	0,020167	0,43555	0,663181	0,044412	0,98254	0,325878
Log população	-0,131865	-16,45864	0,000000	-0,102137	-11,74863	0,000000
Área do município	0,000002	1,27789	0,201344	0,000004	2,84850	0,004409
Log área do município	0,022210	3,28754	0,001017	0,034159	4,59808	0,000004
População urbana/total	0,044576	0,40253	0,687307	0,187983	1,71445	0,086503
Log população ocupada/ total	0,468908	13,29365	0,000000	0,385454	11,01001	0,000000
Log horas médias trabalhadas	1,218718	13,98651	0,000000	0,987719	11,19860	0,000000

Variáveis	OLS sem dummies			OLS com dummies		
	Coef	T-Stat	Signif	Coef	T-Stat	Signif
Log participação da população urbana no total	-0,136826	-2,86387	0,004201	-0,113951	-2,43674	0,014852
Dummy Nordeste				-0,250598	-10,38653	0,000000
Dummy Norte				-0,373075	-12,25811	0,000000
Dummy Centro-Oeste				-0,083030	-3,07741	0,002099
Dummy Sul				0,144651	7,73669	0,000000
Amostra	5431			5431		
R2	0,732846			0,746790		
R2 ajustado	0,732254			0,746042		

Fonte: Elaboração Própria

Tabela 2.4: Modelos estimados por Método dos Mínimos Desvios Absolutos (MDA)

Variáveis	MDA sem dummies			MDA com dummies		
	Coef	T-Stat	Signif	Coef	T-Stat	Signif
Constante	-4,146862	-4,321570	0,000016	0,928665	0,951580	0,341355
Anos médios de estudo	0,782941	20,674070	0,000000	0,611631	16,439570	0,000000
Log anos médios de estudo	-1,736756	-11,283010	0,000000	-1,361515	-8,976230	0,000000
Qualidade da educação	-0,078101	-6,858650	0,000000	-0,034895	-3,087540	0,002028
Log qualidade da educação	3,111847	8,127730	0,000000	1,452565	3,801250	0,000146
População	0,021040	0,035350	0,971798	0,035904	0,062030	0,950542
Log população	-0,137844	-12,363770	0,000000	-0,093618	-8,125100	0,000000
Área do município	0,000001	0,299960	0,764217	0,000005	2,390790	0,016846
Log área do município	0,025539	3,513000	0,000447	0,021606	2,672670	0,007548
População urbana/total	0,063481	0,599170	0,549082	0,249250	2,389440	0,016908
Log população ocupada/ total	0,420640	12,852480	0,000000	0,303782	9,379720	0,000000
Log horas médias trabalhadas	1,101891	14,481670	0,000000	0,829992	10,676900	0,000000

Variáveis	MDA sem dummies			MDA com dummies		
	Coef	T-Stat	Signif	Coef	T-Stat	Signif
Log participação da população urbana no total	-0,181192	-4,038230	0,000055	-0,162304	-3,705410	0,000213
Dummy Nordeste				-0,216297	-8,786830	0,000000
Dummy Norte				-0,317894	-10,592820	0,000000
Dummy Centro-Oeste				0,015053	0,602030	0,547178
Dummy Sul				0,212431	11,474050	0,000000
Amostra	5431			5431		

Fonte: Elaboração própria.

SIMULAÇÕES COM OS MODELOS ESTIMADOS

Dois conjuntos de simulações foram elaborados a partir das equações estimadas. O primeiro visa estimar o efeito de três conjuntos de determinantes na desigualdade regional, que são:

i. Diferenças na disponibilidade de capital humano entre as regiões.

ii. Diferenças no custo de vida entre as regiões.

iii. Diferenças em esforço produtivo entre as regiões.

Segundo a teoria ortodoxa, esses três fatores poderiam gerar desigualdades nos PIBs per capita, nada impedindo *a priori* que elas atinjam os patamares encontrados na realidade brasileira. Simulações serão feitas para capturar o papel conjunto de todos eles.

O segundo conjunto de simulações visa isolar o papel de cada um dos determinantes acima mencionados no atraso relativo do Nordeste, apesar de se esbarrar em limites para tal isolamento definidos pela dependência dos impactos com relação ao nível das variáveis do modelo.

Efeito Simultâneo dos Três Conjuntos de Determinantes

Nessa primeira simulação, foram eliminadas as diferenças dos valores médios entre as variáveis primárias no Nordeste e no Sudeste. Por variáveis primárias tomaram-se todas aquelas da Tabela 2.1, com exceção do PIB per capita. Para se eliminar as diferenças dos valores médios entre as regiões obteve-se inicialmente a média ponderada de cada uma dessas variáveis nas duas regiões. Essa ponderação foi feita pela população de cada município. Em um segundo momento, dividiu-se o valor médio da variável para o Sudeste pelo seu valor médio para o Nordeste, gerando-se assim um número real, que pode ser visto como o corretor da variável para o Nordeste. Em uma terceira etapa, multiplicou-se o número resultante do passo anterior pelo valor da variável em cada um dos municípios do Nordeste. Com esse procedimento, criaram-se valores simulados para cada um deles, que, por construção, geram uma média regional exatamente igual à média para o Sudeste. Entretanto, a proporção entre os valores municipais de cada uma das variáveis dentro da região Nordeste permanece exatamente a mesma. Assim, se Recife tiver um valor para uma dessas variáveis que seja duas vezes o valor dessa mesma variável para João Pessoa, por exemplo, essa mesma relação para a variável simulada entre os dois municípios perdurará.

A quarta etapa foi recompor os PIBs per capita para cada município que prevaleceriam se os coeficientes estimados econometricamente fossem corretos, e se os valores para cada uma das variáveis determinadas originais para cada um dos municípios fossem iguais aos valores simulados na etapa anterior ou uma transformação deles. Assim, se X for uma variável primária contida na Tabela 2.1 e sua transformação logarítmica (ln X) estiver incluída na equação (10'), os novos valores para essa transformação logarítmica a serem incluídos na simulação a partir da equação (10') serão (ln X'), em que X' é igual a X vezes o multiplicador estimado na etapa II acima descrita. Ou seja, os valores simulados para os PIBs per capita de cada município consideram os valores que eles teriam caso o Nordeste tivesse um valor médio para cada uma das variáveis primárias incluídas na equação (10') igual ao que se verifica para o Sudeste, com exceção do PIB per capita, é claro. A partir desses valores para cada município e suas populações simuladas, obteve-se a média do PIB per capita para a região Nordeste sob as condições estabelecidas para realizar a simulação, que é a igualdade dos valores médios das variáveis primárias entre as regiões.

A relevância dessa simulação pode ser entendida a partir da seguinte apresentação matemática das desigualdades regionais. Suponha que o PIB per capita do Nordeste e do Sudeste possam ser apresentados como Y_N e Y_S, respectivamente, e que eles sejam definidos como nas equações (13a) e (13b).

$$Y_N = X_N\beta + e_N \quad \textbf{(13a)}$$

$$Y_S = X_S\beta + e_S \quad \textbf{(13b)}$$

Em que X_N e X_S são vetores de variáveis determinadas, que podem ser vistas como aquelas incluídas na equação (10'); β é um vetor de coeficientes que definem os impactos de cada uma das variáveis no vetor X no PIB per capita. Está se supondo, por enquanto, que o vetor β é igual para as duas regiões. Os termos e_N e e_S são desvios dos PIBs per capita em relação aos valores projetados a partir das variáveis determinadas.

Com essa nomenclatura, as desigualdades regionais podem ser medidas a partir da seguinte diferença.

$$\frac{E(Y_S - Y_N)}{E(Y_S)} = \frac{E(X_S - X_N)\beta}{E(Y_S)} + \frac{E(e_S - e_N)}{E(Y_S)} \quad \textbf{(13')}$$

Ou seja, parte dela é explicada pelas diferenças entre os valores das variáveis contidas no vetor X e parte pelos componentes aleatórios, que representam a falha da arbitragem e o desvio dos valores médios de (i) preços dos produtos locais; (ii) custo de vida local e (iii) capital humano. Entretanto, se houver outro componente qualquer que não seja determinado por (i) capital humano da população; (ii) dedicação produtiva ou (iii) nível de preços, ele também aparecerá através dos erros. Nesse caso, $E(e_S - e_N) > 0$, mesmo que os desvios gerados após a apreensão dos componentes incluídos no vetor X para os três determinantes fundamentais sejam distribuídos sem viés regional.

Ou seja, se o Nordeste tiver um PIB per capita menor do que o Sudeste, devido apenas aos determinantes aglutinados em (i) capital humano; (ii) dedicação produtiva ou apenas por causa dos (iii) preços, haverá apenas diferença por causa do primeiro componente do lado direito da equação (13'). Nesse caso $E(e_S - e_N) = 0$. Se houver outros determinantes que também estão gerando desigualdades regionais, então $E(e_S - e_N) > 0$. Por consequência, se $E(e_S - e_N) < 0$, isso implicará que todas as desigualdades regionais são explicadas pelos três componentes mensuráveis e incluídos na equação (10') e que, de fato, eles estão gerando uma desigualdade no sentido inverso. Esta, por sua vez, está sendo compensada por outros elementos que estão contemplados pelo vetor X.

Essa análise lógica a partir da equação (13') é fácil de ser apresentada. Entretanto, o problema gerado pelo modelo desenvolvido nas seções anteriores é mais complexo. O modelo da equação (13') é uma simplificação linear da versão não linear da equação (10'). Nessa última, cada erro estimado terá uma ponderação não linear pela sua população. Assim, é possível que a média dos erros de uma região seja menor do que a da outra, mas ainda assim, mesmo com tudo igual entre as regiões, essa região ter um PIB per capita maior. Por isso, a necessidade de todo o método de simulação apresentado acima, em vez de apenas observar as médias dos erros para cada uma das regiões ou desenvolver testes de hipóteses após a inclusão de *dummies* regionais na equação (10').

O seguinte exemplo matemático mostra o problema da não linearidade e por que essa possibilidade pode aparecer. Suponha agora que o sistema de equações (13) na verdade possa ser representado como:

$$\ln Y_{bN} = \ln B_{bN} + \beta \ln X_{bN} + e_{bN} \quad \textbf{(14a)}$$

$$\ln Y_{aN} = \ln B_{aN} + \beta \ln X_{aN} + e_{aN} \quad \textbf{(14b)}$$

$$\ln Y_{bS} = \ln B_{bS} + \beta \ln X_{bS} + e_{bS} \quad \textbf{(14c)}$$

$$\ln Y_{aS} = \ln B_{aS} + \beta \ln X_{aS} + e_{aS} \quad \textbf{(14d)}$$

Ou seja, cada região possui dois municípios. O município com desvio alto, indexado por a, e o com desvio baixo, indexado por b. N e S representam o Nordeste e o Sudeste, respectivamente. Como anteriormente, B representa a população e agora Y representa o PIB absoluto, não mais o per capita. Por isso o logaritmo natural de B aparece no lado direito da equação com coeficiente igual a 1,0. As demais variáveis são como para a equação (13), mas agora o modelo só é linear nos logaritmos e X deixou de ser um vetor, por simplificação. Considerando que o PIB per capita em cada uma das regiões possa ser definido como:

$$\frac{Y_{ai} + Y_{bi}}{B_{ai} + B_{bi}} = \frac{B_{ai} X_{ai}^{\beta} e^{e_{ai}} + B_{bi} X_{bi}^{\beta} e^{e_{bi}}}{B_{ai} + B_{bi}} \tag{15}$$

Em que i pode ser N de Nordeste ou S de Sudeste. Por simplificação, supor-se-á que $X_{aN}=X_{bN}=X_{aS}=X_{bS}$. Assim, as diferenças dos PIBs per capita surgirão apenas das diferenças dos erros. É possível, a partir dessa equação e dessas suposições, concluir que:

$$\frac{Y_S - Y_N}{Y_S} = 1 - \frac{\frac{B_{aN}}{B_N} e^{e_{aN}} + \frac{B_{bN}}{B_N} e^{e_{bN}}}{\frac{B_{aS}}{B_S} e^{e_{aS}} + \frac{B_{bS}}{B_S} e^{e_{bS}}} \tag{16}$$

Supondo-se, além disso, que $e_{aS} = e_{bS}$, para simplificar a exposição, pode se chegar a:

$$\frac{Y_S - Y_N}{Y_S} = 1 - \left(\frac{B_{aN}}{B_N} e^{e_{aN}} + \frac{B_{bN}}{B_N} e^{e_{bN}} \right) \tag{16'}$$

Essa equação mostra que a participação dos municípios na população total da região serve de ponderação para o valor exponencial de seus erros. Assim, um município de população elevada com desvios positivos pode compensar o efeito de vários municípios pequenos com pequena participação na população total que tenham desvios negativos. Consequentemente, se a participação na população total do Nordeste do município de alto desvio e_{aN} (superior à média do Nordeste e, nesse caso, superior ao erro dos dois municípios do Sudeste) for suficientemente alta, é possível que mesmo com a média de e_{aN} e e_{bN} abaixo da média de e_{aS} e e_{bS}, ainda assim Y_S possa ser menor do que Y_N quando as variáveis X tiverem o mesmo valor. Assim, a simulação descrita acima, que considera esse efeito proporcional dos municípios, e cujos resultados aparecem a seguir, é o método correto para identificar o papel dos componentes não capturados pelo vetor X nas desigualdades regionais brasileiras.

A Tabela 2.5 traz os resultados estimados para as desigualdades regionais quando a média de cada uma das variáveis primárias para o Nordeste são simuladas para ser iguais às médias para a região Sudeste. Incluíram-se modelos com e sem *dummies* regionais. Vale salientar que os modelos com tais *dummies* consideraram nas simulações que elas faziam parte dos erros e não das variáveis determinadas. Ou seja, as diferenças da média dos erros capturadas pelas *dummies* continuaram como parte dos erros nas simulações, pois elas seriam partes dos componentes de origem não determinada na interpretação dos modelos.

Tabela 2.5: Estimação de valores simulados para o PIB per capita do Nordeste quando as variáveis determinadas são forçadas a ter médias na região semelhantes às encontradas para o Sudeste

Modelo	Dummies regionais	PIB per capita NE Simulado	Proporção em relação ao Sudeste
GMM Ponderado	Não	10.752,72	122%
OLS Ponderado	Não	11.450,45	130%
MDA Ponderado	Não	12.171,26	138%
GMM Ponderado	Sim	10.313,00	117%
OLS Ponderado	Sim	10.445,29	119%
MDA Ponderado	Sim	12.696,55	144%

Fonte: Elaboração própria.

Notas: PIB per capita do Sudeste para o mesmo ano e unidades monetárias iguais a R$8.788,47 ao ano. GMM representa Método dos Momentos Generalizados; OLS representa os Mínimos Quadrados Ordinários e MDA o Método dos Mínimos Desvios Absolutos. Todos os métodos foram ponderados pela população, sendo o logaritmo natural dela para o OLS. As variáveis instrumentais incluídas nele foram como as definidas na Tabela 2.2.

Uma conclusão que se pode obter em todos os modelos e que é de crucial importância para esse trabalho é que as fontes de desigualdades regionais, previstas pelo modelo ortodoxo, respondem por mais de 100% das desigualdades verificadas. Ou seja, diferenças (i) em capital humano, (ii) em esforço produtivo e (iii) em preços locais respondem por mais de 100% das desigualdades regionais no Brasil. Isso significa que as fontes de desigualdades não previstas pela teoria ortodoxa, na verdade, estariam reduzindo as desigualdades regionais no Brasil ou, no máximo, não tendo nenhum efeito (se considerarmos que várias das estimações pontuais não gerem valores com significâncias estatísticas superiores a 100%).

Isso significa que diferenças (i) em capital humano, (ii) em esforço produtivo e (iii) em preços locais são os principais determinantes das desigualdades regionais verificadas entre Sul e Sudeste no Brasil. Ou seja, qualquer hipótese que busque explicar as desigualdades regionais brasileiras deve conseguir explicar por que as diferenças nesses três determinantes surgiram. Especificamente elas devem explicar: (i) por que no Nordeste consolidou-se uma sociedade com menor formação educacional e escolas de pior qualidade; (ii) por que as famílias estão estruturadas de forma que menos pessoas estão inseridas no mercado de trabalho, e isso funciona de forma que permita uma menor quantidade de horas médias trabalhadas por dia; (iii) por que as estruturas das cidades são tais que os custos de vida sejam em média mais baixos, e que possivelmente elas gerem menor produtividade de seus agentes, quando se considera efeitos aglomeração.

Decomposição dos Determinantes das Desigualdades Regionais

Na segunda simulação os resultados e o mesmo método da primeira foram utilizados, apenas isolando-se os efeitos de cada uma das variáveis. Assim, iniciou-se do valor máximo do PIB per capita atingido pelo método da simulação anterior e eliminou-se o acréscimo devido a cada um dos grupos de variáveis que representam cada um dos determinantes. Quando se eliminava o efeito de um determinante, os demais continuavam adicionados ao valor simulado do PIB. Assim, a diferença entre o máximo e o valor do PIB novo após essa eliminação geraria um indicador do papel desse determinante específico. A Tabela 2.6, abaixo, relaciona cada determinante às variáveis que o compõem na equação (10').

TABELA 2.6: DETERMINANTES DAS DESIGUALDADES REGIONAIS E SUAS REPRESENTAÇÕES NA EQUAÇÃO (10')

Determinante	Variáveis
(i) Capital humano	Anos médios de estudo
	Logaritmo natural dos anos médios de estudo
	Qualidade do ensino
	Logaritmo natural da qualidade do ensino
(ii) Esforço produtivo	Logaritmo natural da proporção da população ocupada sobre a total do município
	Logaritmo natural das horas médias trabalhadas no município
(iii) Custos de vida e preços	População do município
	Logaritmo natural da população do município
	Área do município
	Logaritmo natural da área do município
	Proporção da população urbana no município
	Logaritmo natural da proporção da população urbana no município

Fonte: Elaboração própria.

A Tabela 2.7 traz os resultados dessas simulações para cada um dos modelos. Nela, o total de queda com a retirada da correção de um determinado componente é dividido pela diferença entre o PIB per capita regional da simulação anterior, que inclui a correção de todas as variáveis, e o PIB per capita regional original caso não houvesse nenhuma correção de valores de variáveis. Vale enfatizar que a soma de todos os impactos isolados não soma 100%. Isso decorre das não linearidades do modelo e a consequente dependência desses impactos dos níveis das variáveis, que se alteram nos processos de simulações.

TABELA 2.7: PERCENTUAL DE CONTRIBUIÇÃO DE CADA UM DOS DETERMINANTES DAS DESIGUALDADES REGIONAIS MEDIDO PELA ELIMINAÇÃO DE SEU IMPACTO NA CORREÇÃO QUANDO SOMENTE SEU EFEITO É ELIMINADO

Modelo	Dummies regionais no modelo estimado	Papel do capital humano	Papel do esforço produtivo	Papel dos preços e custos de vida
GMM Ponderado	Não	102,62%	17,69%	-26,96%
OLS Ponderado	Não	102,31%	17,72%	-26,39%
MDA Ponderado	Não	103,04%	15,70%	-27,71%
GMM Ponderado	Sim	98,05%	14,51%	-0,17%
OLS Ponderado	Sim	96,68%	15,21%	3,11%
MDA Ponderado	Sim	98,00%	12,40%	0,76%

Fonte: Elaboração própria.

Nota: Essa forma de mensuração dos impactos faz com que a soma dos componentes individuais não seja 100%, mas pelo menos é invariante a ordem de seus cálculos.

Na Tabela 2.8 a base de comparação foi invertida. Os efeitos de todas as variáveis foram excluídos, adicionando-se apenas os daquelas que se analisaria a cada momento. Nesse caso, por construção, a soma dos efeitos é 100%, apesar de a soma de todos eles não ser igual à sua inclusão conjunta. Apenas supôs-se por construção que os três efeitos juntos dariam 100%. Os resultados são qualitativamente semelhantes aos da Tabela 2.7. Assim, as principais conclusões a partir das duas simulações podem ser assim resumidas:

i. O papel do capital humano para explicar as desigualdades regionais é elevado, como revelado em todos os modelos, qualquer que seja a especificação.

ii. O papel do esforço produtivo na determinação das desigualdades regionais não é irrelevante, mas parece ser pequeno, como demonstrado por todos os modelos.

iii. O papel dos preços e custos de vida na determinação das desigualdades regionais não é irrelevante, mas é pequeno e seu sentido não é definido a priori, pois depende das especificações do modelo. Ou seja, não seria descartável a ideia de que eles levam à redução das desigualdades regionais.

TABELA 2.8: PERCENTUAL DE CONTRIBUIÇÃO DE CADA UM DOS DETERMINANTES DAS DESIGUALDADES REGIONAIS MEDIDO PELA INCLUSÃO DE CORREÇÃO NOS VALORES DAS VARIÁVEIS NO NORDESTE QUANDO TAIS CORREÇÕES SÃO INCLUÍDAS SOMENTE NAS VARIÁVEIS REFERENTES ÀQUELE DETERMINANTE

Modelo	Dummies regionais	Papel do capital humano	Papel do esforço produtivo	Papel dos preços e custos de vida
GMM Ponderado	Não	101,49%	5,48%	-6,98%
OLS Ponderado	Não	101,26%	5,19%	-6,45%
MDA Ponderado	Não	102,02%	4,16%	-6,19%
GMM Ponderado	Sim	97,46%	5,41%	-2,87%
OLS Ponderado	Sim	95,91%	5,79%	-1,70%
MDA Ponderado	Sim	97,56%	4,48%	-2,03%

Fonte: Elaboração própria.

Nota: Essa forma de mensuração dos impactos faz com que a soma dos componentes individuais não seja igual ao total do conjunto de correções e é invariante na ordem de seus cálculos.

CONCLUSÕES

Este capítulo buscou verificar se as desigualdades regionais brasileiras observadas pelas diferenças de PIB per capita realmente representam um desafio para a Teoria Neoclássica, como vários estudos supõem e, por isso, desprezam o papel dessa teoria para explicá-las. Para realizar tal objetivo, derivou-se de forma sistemática as implicações da teoria para os dados observados, estimou-se o modelo derivado e testou-se a hipótese de que ainda resta uma parte substancial das desigualdades a ser explicada, o que corresponderia a uma indicação de que a teoria falha na explicação desse fenômeno.

Surpreendentemente, os resultados mostraram que as disparidades encontradas são perfeitamente compatíveis com a Teoria e que dadas as diferenças de (i) disponibilidade de capital humano; (ii) esforço produtivo e (iii) níveis de preços e custo de vida nas regiões, não há mais resquícios de desigualdades regionais que poderiam demandar outra fonte de explicação. Mesmo quando se permite falhas de arbitragem no mercado de fatores, esse componente não representa fonte importante de desigualdades regionais, como implicitamente assumem vários estudos.

Além de tais conclusões, o estudo também mostrou que a disponibilidade de capital humano é provavelmente o componente mais importante na determinação das desigualdades regionais. A renda no Sudeste é tão superior à encontrada no Nordeste principalmente por causa da disponibilidade de capital humano na primeira região. As diferenças de esforço produtivo, por sua vez, não são tão importantes como o capital humano, apesar de seus resultados serem relativamente positivos e estáveis entre os diversos modelos estimados. Os preços e custo de vida relativos, por fim, também não são tão importantes e o sinal de seu impacto não é claramente definido.

Vale salientar que as estimações apresentadas aqui, junto com as transposições das teorias para as variáveis observadas, mostram que a Teoria Neoclássica não pode simplesmente ser descartada como inadequada para explicar os níveis de desigualdades existentes. Entretanto, outras teorias que tragam à análise outras explicações para o papel da população, taxa de urbanização e tamanho do município na determinação das desigualdades regionais podem igualmente ser representadas pelos modelos e estimações apresentados. Ou seja, os limites do trabalho são apenas indicar que a Teoria Neoclássica não pode simplesmente ser descartada. Eles, contudo, não excluem totalmente a possibilidade de outras teorias, que possam ser, de modo observacional, equivalentes na relação entre as variáveis aqui incluídas nos modelos empíricos, serem corretas.

O capítulo também identifica um conjunto de variáveis que podem ser utilizadas como ponto de partida para a explicação das desigualdades regionais. Assim, disponibilidades de infraestrutura e recursos naturais, por exemplo, passam a um segundo plano na explicação das desigualdades regionais, algo que já havia sido enfatizado pelo GTDN (Furtado, 1959a)[14] no que diz respeito aos recursos naturais e recentemente tem sido questionado por alguns autores.[15] A possibilidade de a qualidade das instituições ter alguma relevância em tais explicações passa a ter algumas restrições a mais, pois elas agora deveriam explicar por que as disponibilidades de recursos humanos e tamanho dos municípios, sejam eles medidos por área ou população, têm papéis tão grandes. O ônus direto delas para minar a produtividade dos fatores de produção não parece ter efeito relevante, segundo as estimações aqui apresentadas.

Antes de concluir, vale tecer comentários sobre a compatibilidade dos resultados aqui encontrados com a decomposição dos componentes das desigualdades regionais apresentada no capítulo anterior. Vale lembrar que naquele capítulo já se vislumbrou a possibilidade de o estoque de capital físico, de fato, ser uma função do estoque de capital humano. Nesse caso, em uma especificação linear bastante simples dessa relação funcional, já se conclui que o papel do estoque

14 Ver também Furtado (1959b).

15 Ver, por exemplo, Azzoni, Menezes-Filho, Menezes e Silveira Neto (2000).

de capital físico independente, e dos demais componentes para explicar as desigualdades regionais que não são o capital humano, seria já em torno de 12% quando se compara ao Sudeste, e 20% quando se compara ao Sul. Uma especificação mais adequada dessa relação, permitindo não linearidades que certamente existem, facilmente traria o impacto do capital humano para níveis próximos aos encontrados aqui. Ou seja, dada a imprecisão da especificação que levou aos resultados da Tabela 1.3 daquele capítulo, os resultados encontrados lá e aqui são perfeitamente compatíveis.

CAPÍTULO 3

AS DESIGUALDADES REGIONAIS DE RENDA ENTRE INDIVÍDUOS NO BRASIL

INTRODUÇÃO

Vimos no capítulo anterior que as desigualdades regionais no Brasil são principalmente explicadas pelas diferenças de capital humano per capita médio entre os municípios, ao menos quando se compara o Nordeste ao Sul e Sudeste. Quando se corrige para a disponibilidade desse fator de produção, elas simplesmente desaparecem ou são revertidas de forma que o Nordeste passa a apresentar um maior PIB per capita do que essas duas outras regiões. Esses resultados implicam que os demais fatores de produção, capital físico e recursos naturais, além de produtividade total dos fatores, não são relevantes para explicar as desigualdades regionais, apesar de o Capítulo 1 ter mostrado que há diferença relevante na disponibilidade de capital físico entre as regiões brasileiras. O que o capítulo anterior mostrou, então, é que essas diferenças em disponibilidade de outros fatores de produção é uma consequência das disparidades existentes na disponibilidade de capital humano.

Uma aparente consequência dessa conclusão é que, se há duas pessoas iguais em capital humano no Sudeste e no Nordeste, os mercados deveriam arbitrar de tal forma que elas deveriam obter a mesma renda do trabalho. Claro que isso não é verdade necessariamente nem para duas pessoas que moram na mesma rua, pois a relação entre renda do trabalho e capital humano individual está sujeita a desvios estocásticos importantes que dependem de muitos outros fatores, como histórias individuais, capacidade de barganha, capital social etc. Entretanto, é razoável se supor que tais determinantes individuais se distribuem igualmente entre as regiões e, por isso, a relação apresentada deve ser encontrada entre expectativas médias de rendimento do trabalho.

A consequência discutida no parágrafo anterior, de fato, não é verdadeira. É possível que haja externalidades do capital humano que a tornem falsa. É possível que uma região tenha uma média de capital humano duas vezes a de uma segunda região, mas o PIB per capita seja mais de duas vezes o da segunda, mesmo sendo verdade que o capital humano seja o único determinante de desigualdades regionais. Quando o capital humano aumenta em uma determinada região, o PIB per capita pode aumentar em uma proporção maior. Essa renda extra gerada pode ser apropriada por outros fatores de produção, que não o trabalho. Mas os resultados do capítulo anterior mostraram que esse não parece ser o caso no Brasil, apesar de não eliminar essa possibilidade. Os resultados seriam obtidos a partir de peculiaridades da distribuição assimétrica de capital humano per capita entre municípios no Nordeste.

Diante dessa possibilidade e para que se possa entender melhor as desigualdades regionais brasileiras e definir políticas públicas mais adequadas, é necessário analisar essa relação entre capital humano e rendimento individual do trabalho nas regiões brasileiras. Alguns estudos têm apresentado análises desse problema, mas geralmente com foco apenas nos anos médios de estudo como único determinante do estoque de capital humano. Eles verificam se quando se isola o efeito das diferenças em anos de estudo e experiência de outros atributos individuais simples, como raças e gêneros, ainda assim há diferenças nas rendas por causa da região em que vivem. Esses estudos, até então, têm confirmado a existência de desigualdades regionais no Brasil no sentido de que um indivíduo que vive no Nordeste recebe uma renda de trabalho menor do que aqueles vivendo no Sul e Sudeste, mesmo que todos eles tenham os mesmos atributos individuais que poderiam afetar sua renda[1]. Ou seja, se a definição de capital humano deles estiver correta, eles estariam indicando que as externalidades mencionadas podem ser muito importantes, mesmo considerando os resultados do capítulo anterior como corretos. Nesse caso, os parâmetros estimados no capítulo anterior já embutiriam essas externalidades e as simulações apresentadas beneficiaram-se das assimetrias na distribuição de capital humano entre municípios no Nordeste.

Este capítulo visa analisar essa relação entre capital humano e rendimento do trabalho com mais rigor metodológico do que tradicionalmente se utiliza, com a finalidade de dimensionar melhor a existência de um papel importante para as externalidades e sua apropriação por outros fatores de produção na composição do PIB per capita médio das regiões. A falta de rigor metodológico nesses estudos pode estar deixando mais desigualdade, entre expectativas de rendas individuais, do que de fato existe quando se compara dois indivíduos com o mesmo estoque de capital humano, mas vivendo em regiões diferentes.

O capítulo está organizado como segue. Na próxima seção, uma regressão simples mostra como as desigualdades regionais parecem persistir mesmo após a inclusão de vários atributos que afetam as rendas individuais. Na seção seguinte, apresentam-se algumas críticas ao método utilizado na Seção 2, que é o tradicionalmente utilizado na literatura, e justifica-se a possibilidade de encontrar disparidade gerada por local de residência, mesmo quando ela não existe. A Seção 4 apresenta uma derivação mais adequada do modelo a se estimar, e a Seção 5 discute uma metodologia que deve corrigir pelo menos par-

1 Ver, por exemplo, Hoffmann (2011) e Barros, Carvalho, Franco e Mendonça (2010).

cialmente os problemas encontrados, além de trazer novas estimações econométricas que geram conclusões diferentes das tradicionalmente obtidas. A Seção 6 resume as principais conclusões do capítulo.

ESTIMAÇÕES INICIAIS

Normalmente, os estudos que identificam a existência de disparidades regionais de renda, mesmo quando se corrige para diferenças nos atributos individuais, recorrem a uma equação Minceriana para determinar a renda individual do trabalho. Em uma versão padrão, mas não única, ela pode ser apresentada como:

$$\ln w_i = \alpha_0 + \alpha_1 S_i + \alpha\ X_i + \alpha_3 X^2 + \alpha_4 R_i + \sum_{j=1}^{n} \beta_j Z_{ji} + e_i \quad \textbf{(1)}$$

Em que ln w_i representa o logaritmo natural do rendimento do trabalho do indivíduo i, S^i os anos de estudo também do indivíduo i e X_i a experiência desse mesmo indivíduo no mercado de trabalho. R_i representa uma *dummy* regional com 1 para os indivíduos que moram em regiões onde não são vítimas do problema regional e 0 para os residentes das regiões mais atrasadas. Normalmente o Sul e o Sudeste são as regiões no primeiro grupo e o Nordeste e o Norte as incluídas no segundo. As demais variáveis Z_j (para j pertencente ao conjunto dos números inteiros positivos e menor ou igual a n) são outros atributos do indivíduo e *ei* é um erro aleatório, que normalmente se toma como sendo independentemente distribuído com média zero e variância finita.

A variável que identifica a existência de desigualdade regional, mesmo quando se isola para atributos individuais, é a *dummy* R. Se α_4>0, isso significa que há diferenças nas rendas individuais por causa da região de residência mesmo quando se isola os demais fatores representados pelas variáveis incluídas na equação (1). Assim, o teste da hipótese de que α_4=0 contra a hipótese de que esse coeficiente é maior que zero tem sido a estratégia frequentemente utilizada para mostrar que existe disparidade regional que emerge não só dos atributos individuais normalmente identificados como determinantes das rendas individuais.

Os dados utilizados para estimar a equação (1) têm sido normalmente obtidos das PNADs, por vários anos, ou dos censos populacionais, ambas as pesquisas realizadas pelo IBGE. Nesta seção, utilizar-se-á dados do censo de 2000 para realizar tal estimação. Os dados do censo têm algumas vantagens sobre os das PNADs, pois eles permitem atrelar o indivíduo ao município em que reside. Essa característica será útil no decorrer deste trabalho. Os dados neste trabalho incluem indivíduos apenas das regiões Sul, Sudeste e Nordeste. A *dummy* regional tem valor 1,0 para indivíduos residentes no Sul ou Sudeste. Indivíduos residentes nas cidades capitais do Rio de Janeiro e de São Paulo foram deixados de fora da amostra por motivos que serão discutidos melhor adiante.

O método de estimação tem variado também entre trabalhos. O mais simples é a aplicação de Mínimos Quadrados Ordinários diretamente aos dados por indivíduos, extraídos dos microdados das pesquisas mencionadas. Somente os indivíduos com rendimento do trabalho positivo são incluídos nessas estimações. Esse método, contudo, apresenta problema de viés de seleção, pois os indivíduos que, por alguma razão, receberiam uma renda baixa quando se compara a de outros com os mesmos atributos podem optar por ficar de fora do mercado de trabalho e, por isso, não serem incluídos na amostra. Essa lógica no processo de seleção dos indivíduos que são incluídos na regressão visa os resultados das estimações.[2] Assim, frequentemente se utiliza o método dos Mínimos Quadrados Ordinários com correção para o viés de seleção a partir de método sugerido por Heckman (1979). Esse será o método utilizado nas estimações a seguir, incluindo-se as rendas do não trabalho e uma *dummy* com um para chefes de domicílio como

2 Esse problema foi apontado por Heckman (1979) e desde então desencadeou uma enorme literatura sobre o assunto.

instrumentos no primeiro estágio, o PROBIT, que é utilizado para se encontrar a Inversa de Mills. Vale lembrar que, mesmo nesse primeiro estágio, todas as demais variáveis dos MQO para o segundo estágio foram também incluídas.

Os resultados, assim como uma melhor especificação das variáveis incluídas na equação (1), aparecem na Tabela 3.1. Em uma primeira versão, incluíram-se nesse segundo estágio apenas as variáveis explicitamente inseridas na equação (1), sem nenhuma Z_j adicional. Em uma segunda versão, que aparece na Tabela 3.2, algumas variáveis Z_j adicionais foram incluídas, sendo elas comumente encontradas na literatura.

TABELA 3.1: RESULTADOS DAS ESTIMAÇÕES POR MÍNIMOS QUADRADOS ORDINÁRIOS DA VERSÃO MAIS SIMPLES DA EQUAÇÃO (1)

Variável	Coeficiente	Estatística T	Nível de Significância
Constante	-0,4916	-158,2646	0,0000
Anos de estudo	0,1059	82,1905	0,0000
Experiência	0,0791	462,7672	0,0000
Experiência ao quadrado	-0,0009	-295,9108	0,0000
Dummy regional (Sul e Sudeste = 1)	0,4183	350,3913	0,0000
Inversa de Mills	0,6493	37,1129	0,0000
R2 =	0,37	Amostra=	3.703.455

Fonte: Cálculo próprio.

Nota: As Estatísticas t e o nível de significância foram calculados a partir de correção para heteroscedasticidade pelo método de White (1980).

Em ambas as estimações, a hipótese nula de que $\alpha_4=0$ é rejeitada em níveis de significância elevados. Na estimação mais simples da Tabela 3.1, esse coeficiente estimado é 0,4183. Na segunda estimação, com mais variáveis, ele cai para 0,35506. As estatísticas t-Student, para a hipótese nula de que esses coeficientes são iguais a 0, são superiores a 300 em ambos os casos. Ou seja, a hipótese de que a região de residência dos indivíduos não determina suas rendas, mesmo após se isolar os principais efeitos que poderiam determinar as diferenças de renda do trabalho, é rejeitada nessas estimações. Segundo esse método, estatisticamente isso significa que a região de residência é um importante determinante da renda e por isso as desigualdades regionais existiriam independentemente desses outros determinantes das rendas individuais.

Tabela 3.2: Resultados das estimações por Mínimos Quadrados Ordinários da versão da equação (1) que inclui outras variáveis

Variável	Coeficiente	Estatística T	Nível de Significância
Constante	-0,83255	-191,6872	0,00000
Anos de estudo	0,09362	719,9414	0,00000
Experiência	0,07659	460,8750	0,00000
Experiência ao quadrado	-0,00094	-327,1294	0,00000
Dummy regional (Sul e Sudeste = 1)	0,35506	324,0403	0,00000
Dummy sexo (masc = 1)	0,36543	420,3068	0,00000
Logaritmo natural do tamanho da família	0,09248	144,1098	0,00000
Dummy branco = 1	0,17925	206,4995	0,00000
Dummy negro = 1	-0,02075	-14,3149	0,00000
Dummy amarelo = 1	0,43093	62,0814	0,00000
Dummy índio = 1	0,02627	3,5063	0,00045
Dummy conta própria = 1	-0,02404	-21,5554	0,00000
Dummy empregador = 1	0,87814	286,3917	0,00000
Dummy sem carteira = 1	-0,25906	-246,4947	0,00000
Dummy funcionário público = 1	0,39372	186,2106	0,00000

Variável	Coeficiente	Estatística T	Nível de Significância
Inversa de Mills	1,39075	92,8912	0,00000
R2 =	0,46	Amostra=	3.703.455

Fonte: Cálculo próprio.

Nota: As Estatísticas t e o nível de significância foram calculados a partir de correção para heteroscedasticidade pelo método de White (1980).

Os valores estimados para os coeficientes também são elevados. Em ambas as regressões o exponencial desses valores multiplicados por um gera valores que representam cerca de 10% da média da variável rendimento do trabalho encontrada na amostra. Ou seja, o fato de alguém residir no Nordeste reduz em cerca de 10% a renda dele, segundo esses cálculos, considerando-se o indivíduo com a renda média das duas regiões.

FONTE DE DISTORÇÕES NESSAS ESTIMAÇÕES

Há várias possíveis fontes de problemas na estimação da equação (1). Várias delas têm sido discutidas na literatura, principalmente no contexto de suas consequências para a estimação do retorno marginal da educação. As principais são: (i) a endogeneidade da escolaridade por causa da relação entre habilidades individuais natas e persistência na escola[3]; (ii) existência de não linearidades na relação entre escolaridade e rendimento do trabalho[4]; (iii) possível não separabilidade dos efeitos de escolaridade e experiência.[5] Entretanto, o desempenho dessas equações tem sido razoáveis, desde que algumas correções

3 Essa fragilidade foi apontada inicialmente por Griliche (1977).

4 Ver, por exemplo, Card (1999) e Lamieux (2006).

5 Ver Belzil (2006) e Heckman, Lochman e Todd (2007).

sejam introduzidas[6], devendo ser elas as adequadas para o problema analisado a partir de tal estimação.

No caso particular dos objetivos propostos neste trabalho, dois problemas podem gerar os resultados regionais acima apresentados de forma espúria. Um primeiro, e óbvio, é que algumas variáveis importantes podem estar sendo omitidas no modelo e a *dummy* regional pode estar servindo de *proxy* para elas. A segunda é que pode haver não linearidades nas relações capturadas pela equação (1) que estejam sendo desprezadas e, por isso, podem ser as verdadeiras responsáveis pelos resultados obtidos. Essas duas fontes de distorções serão objeto de discussão nesta seção.

Não Linearidades Desprezadas

É possível que algumas das relações incluídas na equação (1), de fato, não sejam lineares, como apresentadas. Elas podem ter segundas derivadas, ou até mesmo derivadas de maior ordem, diferentes de zero, e com isso gerarem relações não lineares entre as variáveis independentes e a renda individual do trabalho. Quando essas relações são forçadas a serem lineares nas estimações, as *dummies* podem elevar a capacidade do Método dos Mínimos Quadrados Ordinários de capturar a variação da variável dependente, gerando distorções que não refletem o processo de geração de dados.

Isso vai ocorrer no caso particular da *dummy* regional se a média dos valores da variável independente, cuja relação com a dependente é não linear, for diferente nas duas regiões que são identificadas na estimação. Nesse caso a *dummy* regional pode aparecer como significativamente diferente de zero, mesmo que ela não o seja no processo de geração de dados. Ou seja, ela vai aparecer de forma espúria como relevante na explicação dos dados.

6 Ver Lamieux (2006).

Um exemplo numérico pode mostrar concretamente esse problema. Suponha uma relação entre duas variáveis, X e Y, como a apresentada na Figura 3.1. Nesse caso, por construção, a equação que define a relação entre essas variáveis é:

$$Y_i = 50 + 100X_i + X_i^2 + v_i \quad (2)$$

Em que v é uma variável aleatória independente e identicamente distribuída com distribuição normal, média zero e desvio-padrão igual a 3.000. Ou seja, v~N(0,3000). Supôs-se nesse caso, por simplificação na apresentação, que não há interseção entre os dados para a variável X da região A e da região B. Na região A, os valores para X estendem-se entre 100 e 200. Na região B, eles se estendem entre 250 e 300. Assim, os indivíduos nas duas regiões ficam bem apartados quando o eixo do X está representado de forma contínua entre 100 e 300, como na Figura 3.1.

FIGURA 3.1: DADOS SIMULADOS DE RELAÇÃO NÃO LINEAR CONTÍNUA ENTRE VARIÁVEIS X E Y DEFINIDA PELA EQUAÇÃO (2)

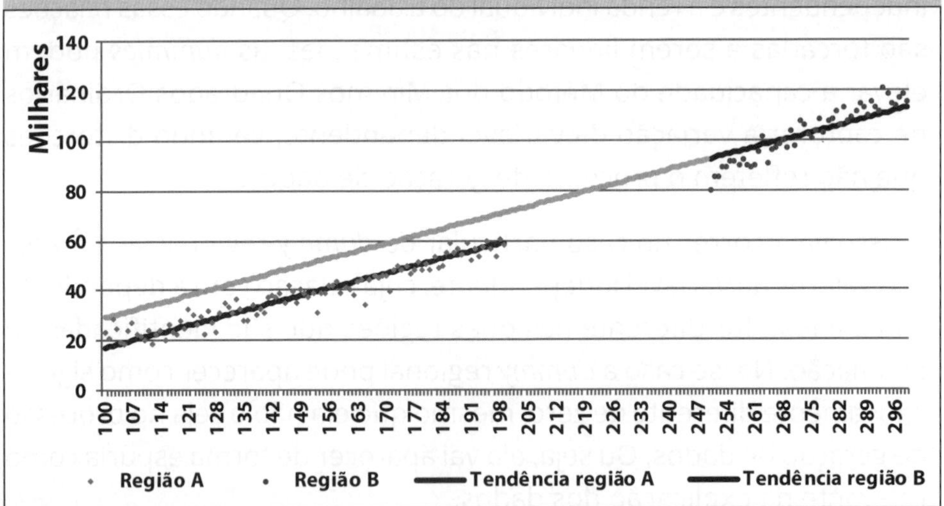

Nesse exemplo, sendo a função da equação (2) supostamente desconhecida, estimou-se outra relação linear definida como:

$$Y_i = \beta_0 + \beta_1 X_i + \beta_2 R_i + v_i \quad (3)$$

Nessa equação linear incluiu-se uma *dummy* regional R, como feito acima com os dados do censo de 2000. Os resultados estão apresentados na Tabela 3.3. Como se pode ver, surgiu um impacto ou comportamento regional diferenciado em uma relação que, por construção, não detinha tal característica. Apenas a má especificação da equação a ser estimada gerou esse resultado espúrio.[7]

Esse exemplo mostra o que pode justificar o impacto e a significância da *dummy* regional nas estimações apresentadas nas Tabelas 3.1 e 3.2 da seção anterior. Assim, um pouco mais de aprofundamento da análise é necessário para verificar se realmente o local de residência do indivíduo tem efeito na sua renda.

Tabela 3.3 Estimações por Mínimos Quadrados de dados simulados para duas regiões a partir da equação (2)

Variável	Coeficiente	Estatística t	Significância
Constante	-25.154,89	-12,584	0,00000
X	423,02	32,292	0,00000
DR	11.935,33	6,710	0,00000

Fonte: Elaboração própria

Variáveis Excluídas

A exclusão de variáveis que possam ter alguma correlação com outras incluídas no modelo, mas sem relevância efetiva para explicar a determinação da dependente, pode gerar distorções nos resultados encontrados. No caso particular da *dummy* regional, se a variável excluída tiver médias diferentes nas duas regiões já será suficiente para

7 A Figura 3.1 traz a tendência estimada com a suposição de quebra regional nessa tendência, mas mantendo-se o mesmo coeficiente β_1 da equação (3). Apenas somou-se β_2 ao nível da tendência da região B.

fazer com que o coeficiente estimado para a *dummy* regional fosse significativamente diferente de zero.

O exemplo seguinte mostra de maneira mais formal esse fato. Suponha que uma variável Y seja determinada pela seguinte equação:

$$Y = \delta_0 + \delta_1 X_1 + \delta_2 X_2 + \delta_3 X_3 + e \quad (4)$$

Nesse caso X_1, X_2 e X_3 são variáveis exógenas e *e* um termo aleatório, independente e identicamente distribuído, com média zero e variância finita, sendo $E(X_i e)=0$, para i=1; 2 ou 3. As letras gregas são coeficientes, todos diferentes de zero, com exceção de δ_3, que, por construção, é igual a zero. Ou seja, não há causalidade da variável X_3 para Y.

Suponha também que:

$$X_3 = \gamma_0 + \gamma_1 X_2 + v \quad (5)$$

Em que as letras gregas são coeficientes, todos diferentes de zero, e *v* é uma variável aleatória com média zero e variância finita. Se a equação estimada, em vez de ter a especificação da equação (4), alternativamente for definida como:

$$Y = \delta'_0 + \delta_1 X_1 + \delta'_3 X_3 + e' \quad (4')$$

Então, nesse caso, teremos que:

$$\delta'_3 = \frac{\delta_2}{\gamma_1} + \delta_3 = \frac{\delta_2}{\gamma_1} \neq 0 \quad (6)$$

Ou seja, a variável X_3, a partir desse erro de especificação, passa a ter coeficiente estimado que converge para valor diferente de zero por causa da omissão da variável X_2 no modelo estimado. Se X_3 for a *dummy* regional, então essa variável passará a ter efeito significativamente diferente de zero, como visto nas estimações empíricas da equação (1) apresentadas nas Tabelas 3.1 e 3.2.[8]

POTENCIAIS PROBLEMAS NOS MODELOS TRADICIONAIS

Várias são as possíveis candidatas a variáveis excluídas e não linearidades existentes nos modelos estimados na Seção 2. A própria especificação da equação estimada, cujos resultados aparecem na Tabela 3.2, já é uma tentativa de superar essa dificuldade, incluindo variáveis adicionais. Entretanto, nossa hipótese é que algumas variáveis não incluídas, mesmo após essa expansão, podem ser importantes na teoria que serve de base para a Equação de Mincer e podem afetar os resultados referentes à *dummy* regional. Além disso, algumas das variáveis podem também ser incluídas de forma inadequada nas regressões da Seção 2 e em vários estudos que recorrem a tais regressões para identificar as desigualdades regionais brasileiras.

Para a melhor compreensão dessas hipóteses, irá apresentar-se uma dedução simples da Equação de Mincer para entender as suposições que ela faz e, com isso, poder avaliar como as potenciais violações no mundo real podem afetar sua estrutura e os resultados regionais relevantes para esse trabalho. A dedução a ser apresentada será aquela que Mincer (1974) utilizou, havendo outra que apareceu em Mincer (1958), mas que é mais restrita e, portanto, menos adequada a nossos propósitos.[9]

Sendo P_t o rendimento potencial de um indivíduo no tempo t, ele pode dedicar uma parte dele k_t ($0 \leq k_t \leq 1$) à educação formal ou treina-

---

8 O coeficiente δ1 foi mantido constante nas duas equações, a que representa o processo de geração dos dados e a estimada, mas isso só vai ser verdadeiro em condições especiais, sendo que E(X1X2)=0. Esse problema foi deixado de lado por não fazer parte da preocupação principal.

9 A dedução a ser apresentada aqui segue Heckman, Lochman e Todd (2007).

mento. Se ρ_t for o retorno desse investimento, então é possível dizer que:

$$P_t = P_{t-1}(1 + k_{t-1}\rho_{t-1}) \equiv \prod_{j=0}^{t-1}(1 + \rho_j k_j)P_0 \quad \textbf{(7)}$$

Supor-se-á que no período escolar o indivíduo dedica 100% do seu tempo útil aos estudos e k_t=1 quando ele está na escola. Se chamarmos o retorno da educação formal de ρ_S e supusermos que ela ocorre no início da vida do indivíduo, a equação (7) pode ser reescrita como:

$$\ln P_t = \ln P_0 + S\ln(1 + \rho_S) + \sum_{j=S}^{t-1}\ln(1 + \rho_0 k_j) \quad \textbf{(7')}$$

Em que se supôs também que os retornos da educação formal ρ_S e dos treinamentos posteriores ρ_0 são constantes para todos os anos. Essa equação foi reduzida por Mincer por aproximação, válida apenas para valores baixos de ρ_S e ρ_0, gerando:

$$\ln P_t \approx \ln P_0 + \rho_S S + \rho_0 \sum_{j=S}^{t-1} k_j \quad \textbf{(7'')}$$

Mincer (1974) utilizou o modelo de Ben-Porath (1967) para definir a taxa k_j de investimento em treinamento e aprendizado no trabalho no período pós-escola. Assim ele definiu:

$$k_{S+x} = \kappa\left(1 - \frac{x}{T}\right) \quad \textbf{(8)}$$

Em que x=t-S≥0 é a experiência quando o indivíduo tem a idade t e T é o tempo de vida do indivíduo, que se assume ser independente da escolaridade. Definindo-se o rendimento do trabalho observado como o potencial expresso na equação (7") menos o investimento em treinamento, definido na equação (8), e resolvendo-se o somatório tem-se:

$$ln\, w_t \approx (\ln P_0 - \kappa) + \rho_S S + \left(\rho_0 \kappa + \frac{\rho_0 \kappa}{2T} + \frac{\kappa}{T}\right) x - \frac{\rho_0}{2T} x^2 \quad \textbf{(9)}$$

Essa equação põe o logaritmo natural do rendimento do trabalho no tempo t, ln w_t, como sendo igual a uma constante (ln P_0-κ) mais o retorno marginal de um ano de estudo ρ_S vezes os anos de estudo do indivíduo, S, mais uma constante vezes os anos de experiência x, medida como a idade menos os anos de escolaridade, menos uma constante vezes o quadrado dos anos de experiência.

Essa equação é válida para um indivíduo ao longo de sua vida. Os parâmetros para cada um deles podem não ser iguais aos dos demais. Por exemplo, alguns atributos podem fazer com que o rendimento potencial que o indivíduo perceba inicialmente, quando toma suas decisões de escolaridade e treinamento, seja diferente por causa de suas circunstâncias familiares e físicas. Consequentemente, o termo Ln P_0 pode não ser o mesmo.

Mincer estendeu esse modelo para o caso em que os coeficientes variam de indivíduo para indivíduo, mas com uma variância finita. Nesse caso, a equação (9) torna-se:

$$ln\, w_i = \bar{\alpha} + \bar{\rho}_S S_i + \bar{\beta}_0 x_i - \bar{\beta}_1 x_i^2 + e_i \quad \textbf{(10)}$$

Em que:

$$e_i = (\alpha_i - \bar{\alpha}) + (\rho_{Si} - \bar{\rho}_S) S_i + (\beta_{0i} - \bar{\beta}_0) x_i - (\beta_{1i} - \bar{\beta}_1) x_i^2 \quad \textbf{(11)}$$

Várias suposições foram feitas para chegar a esse resultado e tornar essa equação estimável. Uma suposição importante, que gerou toda uma literatura, foi a de que ρ_S é independente da escolaridade S.

Quando o indivíduo tem mais habilidade, ele tende a ter mais retorno da educação e a permanecer por mais tempo no estudo formal. Assim, $E(\rho_S S) \neq 0$. Esse problema faz com que haja viés na estimação do retorno da educação.[10] Ele, contudo, não afeta os objetivos desse trabalho e o método a ser apresentado não se abala por essa distorção.

Uma segunda suposição cujo relaxamento pode gerar alterações na forma funcional dessa equação é que o retorno ρ_S da educação formal é constante para todos os níveis de escolaridade. Essa suposição viola a ideia de retornos marginais decrescentes em economia e tem se mostrado empiricamente inadequada.[11] Estudos empíricos para os Estado Unidos têm indicado que a relação entre logaritmo natural do rendimento do trabalho e a escolaridade é melhor representada por uma função quadrada na escolaridade. Esse resultado pode ser obtido, por exemplo, na derivação apresentada acima, caso se suponha que a taxa de retorno do investimento em educação cai com a quantidade de anos de estudo. Mais especificamente, caso se introduza a hipótese de que:

$$\rho_j = \rho_S \left(\frac{S - j}{V} \right) \qquad \textbf{(12)}$$

Em que V é um número fixo, independente da escolaridade, tal que V>S. Nesse caso o retorno começa maior, mas decai quando os anos de estudo j aumentam. A equação de Mincer sob essas condições se torna:

$$ln\, w_i = \bar{\alpha} + \bar{\rho}_{S1} S_i + \bar{\rho}_{S2} S_i^2 + \bar{\beta}_0 x_i - \bar{\beta}_1 x_i^2 + e_i \qquad \textbf{(10')}$$

---

10 Esse problema foi destacado por Grilliche (1977) e gerou toda uma literatura que busca bons instrumentos para estimar o retorno da educação por variáveis instrumentais. Ver Card (1999) e Heckman, Lochman e Todd (2007) para discussão desse assunto.

11 Ver Lamieux (2006) e Belzil (2006).

A equação (11) também ganha mais um termo nesse caso, referente ao valor médio de $\bar{\rho}_{S2}$.

$$e_i = (\alpha_i - \bar{\alpha}) + (\rho_{S1i} - \bar{\rho}_{1S})S_i + (\rho_{S1i} - \bar{\rho}_{1S})S_i^2 + \\ +(\beta_{0i} - \bar{\beta}_0)x_i - (\beta_{1i} - \bar{\beta}_1)x_i^2 \quad (11´)$$

Uma terceira suposição que se fez foi que os preços não se alteram ao longo do tempo. Se essa suposição for relaxada, a equação (7) tornar-se-ia:

$$\frac{P_t}{(1+\pi_{t-1})p_{t-1}} = \frac{P_{t-1}}{p_{t-1}}(1+k_{t-1}\rho_{t-1}) \quad \text{ou} \quad P_t = \prod_{j=0}^{t-1}(1+\pi_{t-j})(1+\rho_j k_j)P_0$$

Em que p_t é o preço no tempo t e π_t é a inflação no tempo t. Caso faça-se p_0=1, a repetição de toda a derivação entre as equações (7) e (10´) gera:

$$ln\, w_i = \bar{\alpha} + \ln p_i + \bar{\rho}_{S1}S_i + \bar{\rho}_{S2}S_i^2 + \bar{\beta}_0 x_i - \bar{\beta}_1 x_i^2 + e_i \quad (10")$$

Em que p_i nesse caso é um índice de preços que mede o custo de vida a que o indivíduo i está sujeito. Obviamente, quanto maior ele for, maior será o rendimento nominal do trabalho que ele terá.

A observação da equação (10") mostra que há pelo menos seis fontes básicas de variações entre indivíduos nas relações que ela captura. Sendo i e j dois indivíduos diferentes:

1. $W_{0i} \neq \ln W_{0j}$: Diferenças no rendimento potencial inicial esperado.

2. $\rho_{S1i} \neq \rho_{S1j}$ e $\rho_{S2i} \neq \rho_{S2j}$: Diferenças no retorno esperado da educação.

3. $\ln p_i \neq \ln p_j$: Diferenças nos custos de vida a que estão sujeitos.

4. $\rho_{0i} \neq \rho_{0j}$: Retorno esperado do treinamento e tempo investido em qualificação.

5. $k_i \neq k_j$: Preferências por treinamento.

6. $T_i \neq T_j$: Expectativa de vida.

Essas fontes podem ser reunidas em três grupos, que serão discutidos a seguir.

Atributos do Local de Residência

Algumas das fontes de diferenciação da equação (10") entre indivíduos estão associadas ao seu local de residência. O custo de vida (ln p) é o mais óbvio deles. Cada município tem seu próprio custo de vida, que depende, entre outras coisas, do preço da terra. A expectativa de vida dos indivíduos (T) também depende do local de residência, já que cada município, e mesmo o bairro, tem condições específicas de saúde, incluindo-se aí a disponibilidade de saneamento e seu impacto no controle de doenças, por exemplo. As disponibilidades de estrutura e aptidão do ambiente para práticas esportivas, que estão entre os determinantes relevantes da expectativa de vida, também são definidas em nível de município e às vezes até de bairros.

Para capturar esse impacto, sem eliminar a possibilidade de que haja desigualdades de renda entre indivíduos geradas pelas suas regiões de residência, incluíram-se duas variáveis na versão estimada da equação (10"). A primeira foi a população do município de residência. Ela serve como indicador da pressão de demanda sobre o uso do espaço urbano, o que afeta o preço da terra e, por consequência, o componente dos custos de aluguéis no custo de vida. A segunda foi a variável referente aos anos de estudo médios da população no município. Ela também ajuda a capturar as diferenças de custo de vida com os quais os indivíduos se defrontam. Cidades com população mais educada tendem a ter maior demanda por espaço, já que tendem a ter maior renda. Não se colocou a renda média do município, em vez dos anos médios de estudo, porque, nesse caso, estaríamos explicando as diferenças de renda entre indivíduos a partir da renda per capita da região onde eles vivem. A ideia é testar a hipótese de que as diferenças de rendas individuais e a agregada para as regiões advêm apenas de atributos dos indivíduos, incluindo a escolaridade entre eles. Assim, faz sentido a inclusão dos anos médios de estudo na determinação da renda individual, mas não a renda média no município, pois essa última variável transformaria o argumento em uma tautologia, enquanto a primeira não.

Como não há forma funcional definida entre essas duas variáveis e os preços e demais variáveis específicas dos municípios nesse modelo, optou-se pela inclusão dessas variáveis em nível e no seu logaritmo natural. Assim, assegurou-se mais flexibilidade da forma funcional, pois, dessa forma, tanto a primeira como a segunda derivada da relação podem ser tanto positivas como negativas.

Atributos Relacionados à Capacidade Individual Circunstancial

Os atributos relacionados à capacidade individual circunstancial são aqueles que dependem do indivíduo, mas suas circunstâncias sociais afetam, em muito, seu desempenho nessas fontes básicas de variações entre indivíduos dos parâmetros da equação (10"). Nas fontes acima mencionadas, o rendimento potencial inicial é o principal deles. Se o indivíduo nasce em uma família cuja inserção social tende a reduzir seu potencial de rendimento futuro, *ln W0* vai ser menor para esse indivíduo. Além disso, se os indivíduos nascem em ambiente que tem uma certa expectativa sobre ele, normalmente ele tende a formar suas expectativas tomando em consideração aquelas do ambiente. Consequentemente, uma mulher em uma sociedade, em que se espera um determinado comportamento dela, tende a ter suas expectativas de rendimento potencial próprio afetado por essas expectativas. Da mesma forma, indivíduos que nascem em famílias nas quais se espera que eles contribuam para a renda familiar ainda quando adolescentes também tendem a criar expectativas mais modestas de seu rendimento na idade adulta, pois sabem que terão uma formação escolar de pior qualidade.

Sendo esses atributos parcialmente determinados pelas condições sociais, eles também podem ter média diferente para as diversas regiões. Assim, uma *dummy* regional, como a que aparece nas estimações apresentadas nas Tabelas 3.1 e 3.2, pode estar apenas representando as diferenças nas médias regionais de variáveis como ln W0, dadas as determinações a partir de comportamentos sociais como os discutidos aqui.

Entretanto, vale salientar que não é apenas *o* $ln\ W_0$ que é afetado pelas circunstâncias individuais. As expectativas de retorno da educação e de treinamentos, assim como as preferências por treinamento e mesmo expectativas de vida, podem ser afetadas por circunstâncias individuais. Além disso, todas essas circunstâncias individuais podem ter médias regionais diferenciadas por decorrência das condições específicas de ocupação das diversas regiões brasileiras, como retratado em Barros (2011b).

Não havendo informações sobre condições circunstanciais individuais, algumas *proxies* foram utilizadas aqui, que foram: (i) raça declarada pelo indivíduo; (ii) sexo; (iii) setor de atividade em que se insere, formal ou informal; (iv) residência em região metropolitana. Essas variações tendem a capturar várias diferenças em circunstâncias individuais e, por isso, são incluídas com tanta frequência como *dummies* nas estimações da equação de Mincer.

O procedimento adotado aqui, contudo, foi um pouco diferente da simples inclusão de *dummies* nessas diferenças óbvias, como é a prática comum. Esse procedimento supõe uma forma funcional muito específica na inclusão dessas variáveis e não considera os seus efeitos nos demais parâmetros do modelo que não seja o $ln\ W_0$. Por isso, ele foi considerado insuficiente nesse trabalho. Em vez dessa inclusão de *dummies*, recorreu-se à divisão da amostra para todos esses atributos. Como consequência, permitiu-se que todos os parâmetros da equação (10") fossem afetados por essas diferenças.

Vale lembrar que a raça foi incluída não porque, de fato, haja necessariamente diferenças de expectativas associadas a ela. Como bem observou Arrow (1998), ela tende a sinalizar para o mercado de trabalho e realmente refletir circunstâncias de formação doméstica e mesmo de qualidade de educação diferentes. Por isso, essas *proxies* de cor da pele podem capturar diferenças em $ln\ W_0$ e demais parâmetros. A residência em regiões metropolitanas busca capturar as diferenças que existem de expectativas de qualidade de vida e desempenho profissional entre indivíduos de cidades menores e cidades maiores. Muitos indivíduos que migram para as cidades grandes o fazem em busca de mais oportunidades de ascensão social. Isso dá um diferencial no comportamento deles no mercado de trabalho e, por isso, afeta todos os parâmetros da equação (10").

Atributos Relacionados à Capacidade Individual

Os atributos relacionados à capacidade individual são aqueles que dependem apenas do indivíduo e, embora também estejam sujeitos à influência do meio, os indivíduos têm maior capacidade de definir suas situações. Por exemplo, o retorno esperado da educação depende muito do esforço e empenho individual em tornar sua educação de melhor qualidade. Da mesma forma, o retorno esperado dos treinamentos, o percentual de tempo em que o indivíduo se dedica a eles, e suas preferências por lazer e mais renda presente ou tal empenho em cada fase de sua vida profissional dependem muito de decisões individuais. Assim, os indivíduos afetam esses coeficientes e os parâmetros associados a eles na equação (10") por decisões próprias, que podem ser socialmente determinadas.

As circunstâncias sociais que determinam esses parâmetros podem variar de região para região a partir de diferenças em valores morais e visão de mundo, diferenciadas pelas formações históricas de cada região. Com isso, os parâmetros para as diversas variáveis, incluindo os retornos da educação e da experiência, serão permitidos variar entre regiões nas estimações a serem apresentadas a seguir.

MÉTODO DE ESTIMAÇÃO

A partir dos comentários prévios, optou-se por estimar uma equação como a (1) apresentada acima, mas com a seguinte especificação:

$$\begin{aligned} ln\, w_i = \bar{\alpha} + \alpha_1 P + \alpha_2 lnP + \alpha_3 E + \alpha_4 \ln E + \alpha_5 N + \alpha_6 N^2 \\ + \bar{\rho}_{S1} S_i + \bar{\rho}_{S2} S_i^2 + \bar{\beta}_0 x_i - \bar{\beta}_1 x_i^2 + e_i \end{aligned} \quad (13)$$

Em que:

w = rendimento do trabalho.

P = população do município de residência.

E = anos médios de estudo da população do município de residência.

N = Nota do ENEM em 2005 dos estudantes que o fizeram nesse ano.

S = anos de estudo efetivo do indivíduo.

x = anos de experiência, definido como idade menos anos de estudo efetivo menos 6.

O ln, antes da variável, representa que ela está no seu logaritmo natural. Além da especificação da equação estimada, vale destacar:

i. Permitir-se-á no modelo estimado a existência de diferenças nos retornos da educação e da experiência nas duas regiões para as quais se busca testar a existência de diferenças de rendas individuais devidas ao fator regional.

ii. Todos os indivíduos poderão ter coeficientes distintos para todas as variáveis incluídas, sendo as estimações apenas para médias de conjuntos específicos deles. Para tornar o método robusto, permitiu-se que essas médias sejam regionais e não necessariamente sejam iguais nas duas regiões. Isso certamente diminui o impacto potencial do tipo de erro nessas estimações que surgem por causa das não linearidades nas funções que são aproximadas por relações lineares, que foram analisadas na seção anterior.

iii. Além de possibilitar a diferença de médias de coeficientes para as duas regiões consideradas, permitiu-se também a diferenciação desses coeficientes por sexo na medida em que os resultados que aparecem a seguir são apenas para os homens. Na nossa sociedade, as expectativas para homens e mulheres ainda são muito diferentes. Por consequência, a proporção diferente de mão de obra ativa dos dois gêneros na população pode enviesar os resultados se essas diferenças não forem consideradas. Além disso, as perspectivas podem ser diferentes nas duas regiões por diferenças em fatores culturais.

iv. Também se permitiu que houvesse diferenciação de expectativas, e por consequência de coeficientes, por raça. Assim restringiu-se a amostra apenas para pardos e brancos e separou-se esses dois grupos em duas amostras.

v. Permitiu-se que houvesse diferença de expectativas e de coeficientes nas regiões metropolitanas e nos demais municípios. Na verdade, essa diferença também decorre da baixa credibilidade das *proxies* utilizadas para custo de vida, que foi basicamente a de população e, talvez, parcialmente os anos médios de estudo no município. Sendo essas *proxies* pobres, provavelmente estão sujeitas a relações não lineares com custo de vida, e por isso podem levar a grandes distorções nos extremos de qualquer relação paramétrica, mesmo que não linear. Como as regiões metropolitanas de São Paulo e Rio de Janeiro são muito grandes, os seus habitantes foram excluídos da amostra por provavelmente introduzirem distorções por representação inapropriada do custo de vida nelas. Vale salientar que cidades como Recife, Salvador e Fortaleza no Nordeste continuaram encontrando contrapartes muito próximas no Sul/Sudeste, que são Belo Horizonte, Porto Alegre e Curitiba. Na verdade, a Tabela 3.4 mostra que ordenando essas regiões metropolitanas em cada uma das regiões e criando as contrapartes individuais, a partir da posição de ordenação, as três do Sul/Sudeste ainda são maiores do que as três do Nordeste.

vi. Como a renda na área rural é de difícil mensuração, todos os habitantes da área rural também foram excluídos.

vii. Também se restringiu a amostra a indivíduos empregados com e sem carteira que não eram funcionários públicos. Assim, excluíram-se da amostra os empregados por conta própria, empregadores e funcionários públicos. As diferenças de expectativas entre esses diversos indivíduos, junto com as diferenças em proporção deles nas populações das diversas regiões e cidades de portes distintos, também dificulta a obtenção de médias para regiões, podendo introduzir distorções nos resultados.

viii. Criou-se outra partição na amostra entre sem carteira e com carteira. Também nesse caso a ideia é homogeneizar os grupos comparados.

TABELA 3.4 POPULAÇÃO DAS REGIÕES METROPOLITANAS (RM'S) CUJOS HABITANTES FORAM INCLUÍDOS NA AMOSTRA A SER UTILIZADA NAS ESTIMAÇÕES

RM's	2000	2010	RM's	2000	2010
Recife	3.337.565	3.690.547	Belo Horizonte	4.349.425	4.874.042
Salvador	3.021.572	3.458.571	Porto Alegre	3.718.778	3.958.985
Fortaleza	2.984.689	3.530.942	Curitiba	2.726.556	3.129.269
Total	**9.343.826**	**10.680.060**	**Total**	**10.794.759**	**11.962.296**

Fonte: IBGE. Extraído de IPEADATA.

Todas essas partições e exclusões mencionadas acima têm um intuito único, que é tornar mais homogênea a base de comparação e, com isso, evitar que diferenças regionais sejam geradas de forma espúria por causa de proporções diferentes de tipos de trabalhadores em cada região ou por diferenças culturais que gerem diferenças apenas em expectativas. O que se busca verificar é se indivíduos com as mesmas expectativas e mesmos atributos individuais tendem a ter os mesmos níveis de renda nas duas regiões. Assim, distorções não podem ser criadas em decorrência de proporções diferentes de tipos distintos de trabalhadores nas duas regiões.

A partir dessas partições criaram-se as amostras que aparecem especificadas na Tabela 3.5. Incluíram-se aí dados para ocupados e total apenas no Nordeste, porque o método a seguir demanda estimações apenas para esses grupos de trabalhadores. O total inclui os indivíduos que são ativos, mas não estavam trabalhando no mês de referência do Censo de 2000. Esses indivíduos foram incluídos em um primeiro estágio das estimações para gerar a Inversa de Mills e, em um segundo estágio, para corrigir os resultados para viés de seleção.

Em cada uma dessas categorias existem diferenças da renda do trabalho médio entre as duas regiões, como se pode ver na Tabela 3.6. Pelos desenvolvimentos passados, isso pode ocorrer por causa de diferenças em atributos individuais, ou dos municípios onde os indivíduos residem, ou por causa de diferenças regionais de rendimento. A relevância dessa terceira possibilidade é o que se quer verificar aqui.

Tabela 3.5 Amostras por região das categorias estudadas (somente homens foram incluídos)

Categoria	Amostra NE	Ocupados no NE
Pardos não metropolitanos com carteira	152.578	138.993
Brancos não metropolitanos com carteira	90.932	84.152
Brancos metropolitanos com carteira	56.218	54.905
Pardos não metropolitanos sem carteira	82.571	80.562
Brancos metropolitanos sem carteira	13.038	12.784
Pardos metropolitanos com carteira	84.594	82.611
Brancos não metropolitanos sem carteira	37.120	36.177
Pardos metropolitanos sem carteira	25.169	24.744
Total	**542.220**	**514.928**

Fonte: Construída a partir dos microdados do Censo de 2000.

Tabela 3.6 Rendimentos médios do trabalho nas duas regiões analisadas para os diversos grupos de trabalhadores apresentados na Tabela 3.4 (R$/mensal)

Categoria	Nordeste	Sudeste	NE/SE
Pardos não metropolitanos com carteira	420,16	492,85	0,85
Brancos não metropolitanos com carteira	697,38	921,74	0,76
Brancos metropolitanos com carteira (sem RJ+SP)	1.228,43	1.104,80	1,11
Pardos não metropolitanos sem carteira	209,71	267,98	0,78
Brancos metropolitanos sem carteira (sem RJ+SP)	548,36	587,55	0,93
Pardos metropolitanos com carteira (sem RJ+SP)	580,21	553,92	1,05

Categoria	Nordeste	Sudeste	NE/SE
Brancos não metropolitanos sem carteira	286,10	402,47	0,71
Pardos metropolitanos sem carteira (sem RJ+SP)	315,88	266,12	1,19

Fonte: Estimada dos microdados do Censo de 2000.

A equação (13), para cada uma dessas categorias, foi estimada no segundo estágio por três métodos. O primeiro foi o de Mínimos Quadrados Ordinários (MQO), com correção para heteroscedasticidade pelo método de White (1980). O segundo foi o de Mínimos Quadrados Generalizados (MQG), com a população dos municípios sendo utilizada como um peso para as variâncias. O terceiro método de estimação foi por Mínimos Desvios Absolutos (MDA).

A Tabela 3.7 traz a estimação por MQG dos coeficientes para um dos segmentos apresentados nas Tabelas 3.5 e 3.6. Nas estimações, utilizou-se uma estrutura de *seemingly unrelated regression* (SUR). Particularmente, o modelo refere-se ao segmento de pardos não metropolitanos que têm certeira de trabalho assinada. Essa é a categoria com maior número de trabalhadores no Nordeste, diferentemente do Sul e Sudeste, regiões nas quais a categoria de não metropolitanos brancos com carteira é maior. Os números apresentados mostram que os impactos nas rendas individuais do trabalho das diversas variáveis diferem bastante nas duas regiões.

Tabela 3.7 Estimações por MQG para a categoria de trabalhadores pardos não metropolitanos com carteira

Variável	Nordeste			Sul/Sudeste		
	Coeficiente	Estatística t	Nível de significância	Coeficiente	Estatística t	Nível de significância
Constante	-2,16186	-16,963	0,00000			
Anos de estudo	0,12076	36,660	0,00000	0,06197	21,080	0,00000
Anos de estudo ao quadrado	0,00057	2,294	0,02177	0,00248	11,315	0,00000
População do município	0,00000	-4,552	0,00001	0,00000	0,852	0,39430
Log natural da população do município	0,05167	7,234	0,00000	0,01436	3,053	0,00227
Anos de estudo médio do município	0,28831	6,370	0,00000	0,06900	1,884	0,05961
Log natural dos anos de estudo médio do município	-0,84284	-6,266	0,00000	0,23646	1,490	0,13625

Variável	Nordeste			Sul/Sudeste		
	Coeficiente	Estatística t	Nível de significância	Coeficiente	Estatística t	Nível de significância
Experiência	0,05640	50,295	0,00000	0,05379	66,703	0,00000
Experiência ao quadrado	-0,00071	-37,382	0,00000	-0,0008	-48,87	0,00000
Nota do ENEM 2005	0,09636	14,487	0,00000	0,02023	2,915	0,00355
Nota do ENEM ao quadrado	-0,00123	-13,266	0,00000	-0,0002	-2,272	0,02308
Inversa de Mills	0,31708	7,525	0,00000	1,43026	12,408	0,00000
Dummy regional (Sul/Sudeste = 1)				1,54485	8,075	0,00000

Fonte: Estimações próprias.

Como as estimações foram feitas em SUR, foi possível efetuar com facilidade os testes para a hipótese H_0 de que os coeficientes para a mesma variável são iguais nas duas regiões. A Tabela 3.8 traz esses testes para os coeficientes que se referem à mesma variável. Como se pode ver, a hipótese de que os coeficientes são iguais nas duas regiões é rejeitada para todas as variáveis com os MQG e quase todas nos dois métodos alternativos. Esse comportamento foi padrão para todas as categorias de trabalhadores. Isso significa que as expectativas e demais fontes de variações de coeficiente entre os indivíduos, apresentadas acima, realmente têm médias diferentes nas duas regiões. Consequentemente, comparar coeficientes para *dummies* regionais não é uma forma adequada de testar a existência de desigualdades regionais de rendas entre indivíduos com atributos semelhantes, como havia sido argumentado anteriormente.

Enfrentando problema semelhante, Oaxacca (1973) propôs uma estratégia alternativa para comparar a renda de dois grupos quaisquer; no caso dele, pessoas de sexo diferentes. No método dele, faz-se a comparação de indivíduos médios de uma determinada categoria com retornos diferentes. Essa estratégia, torna-se particularmente problemática quando as equações de determinação das rendas individuais têm relações não lineares como a apresentada na equação (13) e a distribuição dos indivíduos ao longo de qualquer uma das variáveis apresenta *skewness* não desprezível.

Tabela 3.8 Testes Qui-Quadrado e F da hipótese de que os coeficientes para cada uma das regiões são iguais nas duas regiões com o modelo para pardos não metropolitanos com carteira

Variável	MQG		MQO		MDA	
	χ^2	Signif.	χ^2	Signif.	F	Signif.
Constante	177,28	0,00000	298,70	0,00000	196,783	0,00000
Anos de estudo	33,58	0,00000	12,84	0,00034	0,190	0,66292
Anos de estudo ao quadrado	17,85	0,00002	57,14	0,00000	26,034	0,00000
População do município	19,02	0,00001	95,08	0,00000	61,171	0,00000
Log natural da população do município	14,19	0,00017	1,18	0,27788	4,683	0,03046
Anos de estudo médio do município	26,91	0,00000	21,03	0,00000	43,205	0,00000
Log natural dos anos de estudo médio do município	3,59	0,05824	18,59	0,00002	19,293	0,00001
Experiência	7,92	0,00490	13,45	0,00025	134,645	0,00000
Experiência ao quadrado	62,75	0,00000	85,79	0,00000	52,536	0,00000
Nota do ENEM 2005	66,12	0,00000	87,01	0,00000	58,158	0,00000
Nota do ENEM ao quadrado	82,27	0,00000	267,57	0,00000	454,309	0,00000

Fonte: Elaboração própria.

Diante de tal problema, utilizou-se um método diferente neste capítulo, mas motivado pela lógica de Oaxacca. Calculou-se os valores médios de cada uma das variáveis nas duas regiões e obteve-se as proporções para cada uma delas entre o Nordeste e o Sul/Sudeste. Essas proporções foram utilizadas para corrigir os valores das variáveis de cada indivíduo no Nordeste, de forma que a média da variável de todos os indivíduos nessa região, após tal correção, tornar-se-ia, por construção, igual à média no Sudeste. Após esse estágio, utilizou-se um conjunto dessas variáveis corrigidas e substituiu-se na equação (13), estimada somente com dados do Nordeste. Apenas a constante e os erros em cada indivíduo do Nordeste permaneceram os mesmos estimados originalmente. Após esse estágio, obteve-se a renda média do trabalho para todos os indivíduos do Nordeste, sob essa hipótese alternativa de que os indivíduos têm os atributos individuais, e de seus municípios cujas médias eram iguais àquelas encontradas no Sudeste. Por fim, comparou-se essa média da renda do trabalho gerada por essa simulação àquela encontrada para os indivíduos do Sul/Sudeste.

Os resultados desse exercício estão apresentados na Tabela 3.9 com correções de apenas: (i) anos de estudo, (ii) anos de estudo ao quadrado; (iii) nota média do ENEM no município de residência; (iv) nota média do ENEM no município de residência ao quadrado. No conjunto, essas variáveis representam o capital humano individual, considerando a quantidade e a qualidade dos anos de estudo que os indivíduos tiveram. Por isso, esse conjunto foi chamado de "apenas educação individual". Também se apresentou na mesma tabela os resultados para a correção mais ampla em que se incluem, além das variáveis apresentadas, as demais referentes à educação, que são anos médios de estudo no município e seu logaritmo natural. Esse conjunto amplo foi chamado de educação total. Em "educação total e população", por sua vez, acrescentaram-se também correções para as duas variáveis relacionadas à população do município. Ou seja, nesse último caso apenas as constantes e as variáveis relacionadas às experiências dos indivíduos não tiveram suas médias corrigidas.

Os resultados indicam que, para algumas categorias de trabalhadores, a renda no Nordeste é maior do que no Sudeste e o contrário para outras. Ou seja, a ideia de que existe uma disparidade de renda gerada apenas por consequência da localização do trabalhador some com esse método, podendo inclusive ser invertida. Esses resultados indicam que não há evidência conclusiva sobre a existência de disparidades de rendas individuais que sejam explicadas apenas por região de residência, como concluem outros estudos.

Para tentar chegar a uma conclusão mais precisa, optou-se por criar uma medida única que agregue todas as categorias. Essa medida nada mais é do que uma média das proporções para cada uma das categorias incluídas nas Tabelas 3.5 e 3.6, mas ponderada pela participação da população ocupada naquela categoria no total do Nordeste. Os resultados mostram que uma proporção de todos os grupos seria exatamente 1,000. Ou seja, a desigualdade de rendas individuais restante é inexistente caso os atributos individuais relevantes na região Nordeste tivessem médias semelhantes às médias do Sul/Sudeste. As diferenças em cada grupo isoladamente são mais provavelmente consequências de pequenos desvios na representatividade dos dados do que de desigualdades de rendimento do trabalho decorrentes de local de residência.

Tabela 3.9 Proporção das rendas médias individuais no Nordeste e no Sul/Sudeste após correções dos atributos individuais e de alguns municipais para residentes na primeira região

Categoria	Correções realizadas			
	Original	Apenas educação individual	Educação total	Educação total e população
Homens pardos não metropolitanos com carteira	0,85	0,99	1,15	1,15
Homens brancos não metropolitanos com carteira	0,76	0,96	1,03	1,03
Homens brancos metropolitanos com carteira (sem RJ+SP)	1,11	0,96	0,95	0,90
Homens pardos não metropolitanos sem carteira	0,78	0,85	0,92	0,90
Homens brancos metropolitanos sem carteira (sem RJ+SP)	0,93	0,87	0,93	0,92
Homens pardos metropolitanos com carteira (sem RJ+SP)	1,05	0,93	0,87	0,83
Homens brancos não metropolitanos sem carteira	0,71	0,81	0,81	0,80
Homens pardos metropolitanos sem carteira (sem RJ+SP)	1,19	1,15	1,17	1,16

Fonte: Estimações próprias a partir dos dados do Censo 2000 e método descrito nesta seção.

CONCLUSÕES

As discussões teóricas neste capítulo mostraram que os métodos tradicionalmente utilizados para concluir que há diferença de rendas individuais do trabalho entre indivíduos morando no Nordeste e no Sul/Sudeste são inadequados. Nesses métodos, as desigualdades encontradas como decorrentes das regiões de residência estão mantendo resquícios de desigualdades decorrentes apenas da composição desproporcional das populações das duas regiões, dado um conjunto de atributos relevantes que gera desigualdades de renda entre indivíduos. Quando esses resquícios são reduzidos ou eliminados, as desigualdades de rendas individuais desaparecem em alguns grupos de indivíduos e caem substancialmente em outros.

O esforço feito aqui para minimizar o impacto de não linearidades nas relações e evitar o efeito de variáveis omitidas e, por consequência, reduzir a probabilidade de criar ponderações espúrias que distorçam os resultados não foi totalmente exaustivo quanto às possibilidades existentes para tal. Entretanto, ele já foi suficiente para gerar igualdade de rendimento médio do trabalho entre regiões, quando se considera indivíduos em condições básicas de homogeneidade. Assim, a principal conclusão deste trabalho é que qualquer conclusão de que existe desigualdade de rendas individuais dos trabalhadores decorrentes da região de residência é precipitada. Não há evidência de que elas existam que não seja decorrente de erros metodológicos. Ou seja, não há evidência de que o mercado de trabalho brasileiro não seja regionalmente bem arbitrado.

Esses resultados acrescentam uma conclusão adicional àquela do capítulo anterior, de que capital humano explica as desigualdades regionais de PIB per capita: não há discriminação no conceito técnico do termo por região no mercado de trabalho. A expectativa de rendimento do trabalho, que inclui a remuneração pelo capital humano, de duas pessoas idênticas, porém residindo em regiões distintas, é exatamente a mesma. Ou seja, não há parte das desigualdades regionais que seja originada na falta de arbitragem de remuneração de capital humano no mercado de trabalho entre as regiões. Isso significa que qualquer efeito de externalidades de capital humano, cuja apropriação seja feita por outro fator de produção, não é relevante no Brasil na determinação das rendas relativas individuais para residentes em regiões distintas.

CAPÍTULO 4

A DINÂMICA DAS DESIGUALDADES REGIONAIS NO BRASIL

INTRODUÇÃO

As desigualdades regionais no Brasil não foram constantes ao longo dos mais de cinco séculos após a invasão e posterior colonização portuguesa. O Nordeste, hoje a região mais pobre do país, foi o primeiro a ser colonizado e, por isso, foi para onde os portugueses trouxeram inicialmente mais de sua cultura e conhecimentos produtivos. Sendo eles o povo que possuía mais capital humano médio entre aqueles que formaram o povo brasileiro no início da exploração, naturalmente, sua maior presença no Nordeste gerou um PIB per capita maior nessa região. Por isso, ela foi a região que saiu na frente em desenvolvimento, tendo ficado para trás posteriormente. Entender como essa reversão ocorreu pode contribuir para a compreensão das desigualdades regionais hoje existentes, como elas apareceram e como se mantêm. Esse capítulo se dedica a apresentar uma visão geral da dinâmica das desigualdades regionais no Brasil, obviamente, mantendo o foco na comparação do Nordeste ao Sudeste e Sul, que é o grande problema regional brasileiro.

O capítulo está organizado como segue. A próxima seção simula um PIB per capita do Nordeste e do Brasil como um todo desde a chegada dos portugueses, em 1500, utilizando o método utilizado por Barros (2016, cap. 4) para entender a gênese do atraso relativo do Brasil em relação aos EUA. A partir desses valores simulados, identifica-se a dinâmica de longo prazo do desenvolvimento relativo do Nordeste em relação à média nacional. A Seção 3 utiliza esses dados gerados na Seção 2 para identificar a origem das desigualdades nos patamares que se encontram hoje, enquanto a Seção 4 utiliza os dados de PIB per capita do IBGE desde 1939 para analisar com mais profundidade a tendência da desigualdade nesse último período. A hipótese de convergência entre PIBs per capita regionais é analisada nessa seção. A Seção 5 reúne as principais conclusões do capítulo.

A DINÂMICA DE LONGO PRAZO

A conexão inicial do Brasil com a Europa no século XVI teve na extração de madeiras sua primeira atividade econômica que poderia motivar o longo e caro comércio interoceânico. Os metais preciosos, que teriam mais facilidades de justificar tal exploração de novas terras, não foram encontrados no país nas primeiras expedições exploratórias das novas terras descobertas pelos portugueses. A extração de madeira se espalhou pela maior parte da costa brasileira, pelo menos de São Paulo ao Maranhão, onde havia Mata Atlântica, floresta tropical com disponibilidade de madeiras de alto valor econômico, principalmente o pau-brasil. Assim, os primeiros assentamentos europeus no Brasil foram generalizados em toda a costa, embora o Nordeste fosse uma prioridade por causa da proximidade com a Europa.

No entanto, ainda no século XVI houve o início das plantações de cana-de-açúcar, uma vez que o açúcar era uma mercadoria que poderia agregar valor suficiente através do seu processo produtivo para justificar o caro comércio interoceânico. Vale lembrar que o açúcar era uma das especiarias que os europeus iam buscar na Índia e no Oriente Médio em suas grandes navegações. Por isso, ele já era uma mercadoria muito desejada na Europa, principalmente pela sua capacidade de conservar alimentos (como as frutas, principalmente através da fabricação de geleias) em uma época em que não havia refrigeração para tal uso.

As terras tropicais do Nordeste na costa brasileira foram as mais adequadas para essa exploração agrária na época. As temperaturas locais eram elevadas e havia chuvas abundantes e solos ricos, conforme era exigido por uma gramínea como a cana-de-açúcar. Assim, a ocupação econômica portuguesa do Brasil começou nessa região com a produção de açúcar para ser exportado para a Europa. É por isso que as estimativas são que, em 1700, mais de 70% da população não indígena brasileira vivia no Nordeste.

A produção de cana-de-açúcar criou um mercado para a expansão das atividades locais na região circundante. A pecuária, incluindo principalmente gado, cavalos e burros, e a produção de produtos alimentares, como farinha de mandioca, feijão e milho, foram as principais atividades que se expandiram em regiões mais distantes da costa. Também exigiu muitas atividades urbanas, como o comércio por atacado e varejo, muitos serviços, como saúde e educação, além de todo controle estatal sobre o comércio internacional e a cobrança de tributos associados. Essas atividades justificaram a colonização de algumas cidades da região que se tornaram importantes centros coloniais, como Olinda, Recife e Salvador.

No século XVIII, essa maior participação do Nordeste na população não nativa foi perdida, porque o ciclo do ouro deslocou para o Sudeste o destino dos europeus e dos escravos africanos trazidos ao Brasil. As minas de metais preciosos foram encontradas, principalmente em Minas Gerais, e a principal cidade costeira que passou a apoiar essas atividades foi o Rio de Janeiro. Muitos serviços comerciais e públicos se expandiram mais nessa cidade, bem como outras atividades direcionadas aos mercados domésticos promovidos por essas atividades extrativistas. Por isso, o Nordeste perdeu a relevância econômica relativa, embora ainda fosse uma região economicamente importante. A cana-de-açúcar continuou a ser uma mercadoria de exportação relevante do Brasil e sua produção ainda era realizada principalmente no Nordeste.

Se assumirmos que todos os africanos que entraram no Brasil através dos portos do Nordeste se instalaram nessa região, enquanto aqueles que entraram por portos fora dessa região foram instalados em outras regiões, a participação dos africanos e seus descendentes na população total do Nordeste seria de 70% em 1780, enquanto essa mesma participação era de apenas 54% no resto do Brasil. Os nativos americanos se espalhavam principalmente no Nordeste e no Sudeste, já que as outras regiões eram menos adequadas para seu estilo de vida, pois o Centro-Oeste não tinha muita diversidade em sua flora e fauna, enquanto o Sul era excessivamente frio e o Norte não era facilmente penetrável por causa da sua densa floresta tropical e clima muito quente. No entanto, como eles eram mais caçados no Sudeste, acabaram por se concentrar mais no Nordeste depois de alguns anos de ocupação colonial.

Utilizando-se tais suposições, juntamente com extrapolações através de taxas de crescimento constantes e estimações dispersas da população brasileira em momentos específicos, pode-se gerar estimativas de que apenas 15% do sangue da população que vivia no Nordeste tinha origem europeia em 1780, enquanto essa participação atingia 38% nas outras regiões. Assim, é possível dizer que o Nordeste já tinha uma parcela maior de sua população formada por africanos e nativos do que o Sudeste e o Sul no final do século XVIII. Esse predomínio aumentou ainda mais depois disso. Ou seja, o Nordeste já entrou no século XVIII como uma região menos europeia do que o Sul e o Sudeste. Essas diferenças na participação das três matrizes étnicas na formação das regiões brasileiras tiveram implicações grandes para os seus desenvolvimentos relativos.

Quando os portugueses chegaram ao Brasil, a população indígena local vivia em condições que se assemelhavam a que prevaleceu na Era Pré-Histórica do Mesolítico, ou início da Era Neolítica na história europeia. Os nativos locais viviam principalmente de caça, pesca e coleta, embora já existisse uma agricultura muito incipiente e a domesticação de poucos animais. Embora as tribos locais já tivessem o domínio do fogo, elas ainda não trabalhavam com os metais. Tinham na madeira e nos ossos as principais bases para seus instrumentos, incluindo aí as armas, mas também já utilizavam a cerâmica como insumo para a fabricação de utensílios domésticos. Portanto, eles tinham tecnologias produtivas semelhantes àquelas que normalmente são classificadas como parte da Era Mesolítica.

No que diz respeito à vida social, os nativos não possuíam o desenvolvimento da escrita e costumavam viver como seminômades, em aldeias temporárias que se moviam quando os recursos começavam a ficar escassos. Além disso, eles não se organizavam em torno de um estado, com cobrança de impostos, separação de justiça e organização da defesa, entre outras atividades regulares, embora as lutas contra outras tribos fossem frequentes. Eles não possuíam unidades monetárias e as poucas trocas eram feitas através de escambo. Trocas entre tribos eram raras, embora haja provas de que já existiam. Essas características também se assemelham às de assentamentos mesolíticos europeus entre 13000 a.C e 6000 a.C, dependendo do país e das tribos europeias selecionadas para comparação. Isso significa que, quando os portugueses chegaram ao Brasil, as sociedades europeias estavam tecnologicamente à frente da população indígena local em cerca de 10.000 anos.

A divisão do trabalho dentro das tribos era feita através de especialidades rudimentares, principalmente com base no sexo e na idade. A ausência do trabalho com metais e do emprego de tecnologias agrícolas mais sofisticadas são evidências de que os índios se utilizavam de processos muito restritos quanto às suas complexidades. Portanto, não foram facilmente treinados em processos que exigiam mais disciplina e cooperação. Além disso, tinham facilidade em fugir, pois encontravam auxílio de seus parceiros de tribo, e eram caros para se obter, pois não existia um mercado local de escravidão e, por isso, não podiam ser comprados de outros nativos como ocorria na África, além de resistirem à escravidão e terem que ser caçados em vastas áreas com baixa densidade. Todos esses fatores limitaram seu emprego na agropecuária comercial em larga escala, pois a produtividade possível com eles era muito baixa, mesmo que sob escravidão.

Por isso, as primeiras plantações de cana-de-açúcar no Brasil tiveram que confiar em escravos africanos para serem eficientes. Além das dificuldades mencionadas acima, os nativos morriam rapidamente quando submetidos a tais trabalhos, porque não tinham estabilidade emocional para trabalhar em atividades tão complexas sob a autoridade de outra pessoa e, por não terem contato intenso prévio com os europeus, eram facilmente infectados letalmente por doenças trazidas por esses colonizadores. Juntos, esses dois fatos gerariam vidas curtas para os nativos quando transformados em escravos.

Os africanos, por sua vez, foram trazidos para o Brasil como escravos desde o início da colonização. No período em que vieram, viviam em sociedades com nível de desenvolvimento muito superior aos nativos brasileiros no período da invasão europeia. Os africanos já tinham contatos frequentes com outras civilizações, como egípcios, outros mouros e até europeus. Portanto, eles já tinham contato com novas tecnologias e processos produtivos conhecidos pelos europeus. Já se envolviam em rotas comerciais de longa distância para muitos produtos, como commodities agrícolas e até produtos manufaturados, como o têxtil, nos quais os residentes da África Subsaariana do Oeste já tinham experiências produtivas. Além do trabalho com cerâmica e metal básico, os africanos já conheciam a pólvora e armas de fogo. Eles também conheciam tecnologias de trabalho com o ferro, que sequer estavam disponíveis na Europa e tinham alguma sofisticação na arquitetura, pois costumavam construir templos na África, não só no norte do continente, mas também no Leste, no Oeste e na África Subsaariana Central. Essas duas últimas regiões foram as fontes mais importantes de escravos enviados ao Brasil.

Os africanos também tinham mais conhecimento de matemática do que os nativos brasileiros. Já trabalhavam com números e sistemas numéricos e tinham precisão quantitativa para comparar quantidades relativas. Eles também tinham experiência com unidades monetárias e sistemas de preços, pois havia muitos estados ou reinos que cobravam impostos, mesmo antes da chegada de seus descendentes ao Brasil. Eles também tinham noções de aritmética e geometria básicas muito mais desenvolvidas do que as encontradas entre os nativos brasileiros na mesma época.

A organização geográfica dos africanos também era muito mais sofisticada do que a encontrada entre os nativos brasileiros na época. Na África já havia cidades razoavelmente densas, como Lagos, e comunidades cuja produção especializada era suficientemente alta para justificar o comércio de longa distância com países europeus e do Oriente Médio, além de outras comunidades africanas. Além disso, também há evidências de que já havia plantações comerciais de algumas commodities, como algodão, arroz e milho. Portanto, não havia apenas maior densidade populacional do que no Brasil, mas também maior divisão do trabalho. Todas as habilidades de gerenciamento necessárias para tais empreendimentos já eram desenvolvidas e havia noções de hierarquia associadas a elas, algo não encontrado nem de perto entre os nativos brasileiros.

Alguns Estados e Reinos africanos já existiam desde os primeiros dez séculos da era cristã. Eles possuíam alguma sofisticação nos sistemas de coleta de impostos, justiça e gestão de alguns serviços públicos. Portanto, já era comum na África não só um maior grau de divisão do trabalho, mas também organizações políticas mais sofisticadas do que as encontradas no Brasil quando os portugueses chegaram. Naturalmente, as maiores qualificações dos trabalhadores na África permitiam que se gerasse a produtividade necessária para esse nível mais elevado de divisão social do trabalho. Um subproduto óbvio dessa maior divisão do trabalho e sofisticação da organização política, quando colocado em conjunto com o maior conhecimento abstrato em matemática e geometria, é que havia níveis mais elevados de habilidades socialmente herdadas e habilidades cognitivas adquiridas entre africanos do que entre nativos brasileiros. Muitos dos traços de personalidade africanos também foram melhor ajustados ao trabalho sob supervisão e demandas de produtividade. A conscientização dos africanos, a abertura à experiência, a extroversão e a estabilidade emocional foram certamente superiores às dos brasileiros nativos sob um sistema escravocrata, já que a escravidão já era conhecida por eles séculos antes da primeira apresentação aos nativos brasileiros. Portanto, é razoável pensar que os africanos tinham muito mais capital humano do que os nativos brasileiros no período colonial.

Das três matrizes étnicas, os europeus compunham a de maior desenvolvimento de capital humano. As cidades europeias já tinham bom nível de sofisticação. Londres em 1530 já tinha cerca de 50.000 habitantes. Viena, em 1590, já tinha uma população também em torno de 50.000 habitantes, enquanto Veneza tinha cerca de 100.000 habitantes em 1500. Lisboa, em 1552, possuía em torno de 200.000 residentes. As organizações políticas já eram sofisticadas e já existiam universidades importantes, como Oxford, Cambridge, Bolonha, Coimbra e Salamanca. A ciência já era avançada e as tecnologias para o trabalho com metais e outros minerais já eram bastante sofisticadas. O comércio de longa distância era prática já comum e os sistemas monetários já bastante sofisticados. Ou seja, era de longe o povo com maior nível de desenvolvimento e, por isso, maior capital humano.

Baseado nesses níveis de desenvolvimento de capital humano diferentes e sob a hipótese de que os indivíduos obtêm renda que os refletem, Barros (2016, cap. 6) criou o que chamou de PIB per capita simulado para entender o atraso relativo brasileiro. Esse PIB foi composto como uma média ponderada do PIB per capita no país de origem de cada grupo de imigrantes residindo no Brasil. O peso dessa média foi dado pela parcela desse grupo na composição da população total. Por exemplo, se os portugueses e seus descendentes representassem 30% da população brasileira em um determinado ano, o PIB per capita de Portugal entraria na média ponderada multiplicado por 0,30. Esse mesmo conceito pode ser usado para tentar descobrir quando o desenvolvimento do Nordeste ficou para trás do resto do Brasil, a partir da composição da população de cada região por sua origem.

A população brasileira é composta por três fontes originais nesse exercício: (i) descendentes de africanos; (ii) nativos locais; (iii) europeus. Esse último grupo era formado originalmente por portugueses, mas a imigração europeia começou a ser diversificada na primeira metade do século XIX, e tal diversificação também deve ser incluída nos cálculos. O Nordeste, no entanto, não foi alvo importante dos novos imigrantes europeus, como italianos e alemães, por exemplo, de modo que tal diversificação atingiu apenas o Sul e o Sudeste. A partir dos dados anuais de imigrantes disponíveis no IBGE, calculou-se a população total de pessoas e seus descendentes nas regiões brasileiras sob a suposição de que, quando eles chegavam ao Brasil, passavam a ter um crescimento populacional semelhante ao da população já residente no Brasil.[1]

Esse método de análise tem como uma de suas hipóteses subjacentes que a população poderia migrar tanto vindo para o Brasil como de volta para seu país de origem ou qualquer outro, caso não conseguisse reproduzir seu padrão de vida esperado ao chegar ao Brasil. Certamente, essa hipótese não é verdadeira para escravos africanos e nativos locais. No entanto, o último escaparia das áreas ocupadas europeias se não pudesse reproduzir seu padrão de vida e os africanos se envolveriam em revoltas, o que encareceria os custos de manutenção para seus proprietários. Assim, a suposição de que cada um desses grupos sociais reproduz seu padrão de vida original é uma boa aproximação, apesar de obviamente não ser rigorosamente verdadeira. Na verdade, pelo fato de o ser humano ser avesso aos riscos, o mais provável é que os europeus tenham tido padrão de vida superior ao que conseguiriam nos seus países de origem, caso contrário não se exporiam aos riscos envolvidos em uma migração. Os africanos, por sua vez, teriam um padrão ligeiramente pior do que em seu habitat

1 Barros (2016, cap. 6, seção 6.3) traz uma análise mais detalhada das várias suposições incluídas nesse exercício.

de origem, pois a reversão de sua migração ou revoltas teriam riscos elevados de piora de condições de vida, ou mesmo de morte. Os nativos, contudo, em sua maioria, já estavam em seu habitat natural e por isso mantinham seu padrão de vida, com uma pequena melhora daqueles que se integravam ao mundo criado pelos europeus.

Segundo estimativas de Barros (2016, cap. 6), o PIB per capita dos nativos locais ficou estagnado ao longo do período de análise em US$239,00 (US$ de 2010, corrigido pela paridade do poder de compra). O PIB per capita da população africana também foi considerado como constante em US$439,00, que era seu valor quando a maioria dos africanos foi trazida à força para o Brasil. Ambos os grupos sociais sempre foram submetidos a dificuldades no Brasil como consequência da estrutura social local. Além disso, sua falta de força política inibia melhorias de seu padrão de vida. Daí se supõe uma renda per capita média deles estagnada ao longo do tempo. O PIB per capita para europeus e japoneses, bem como para os africanos, foi extraído do Projeto Madison, de Bolt e van Zanden (2014). O PIB per capita dos nativos foi extraído de Barros (2016, cap. 6), como já mencionado.

Sob tais suposições, estimou-se o PIB per capita do Nordeste relativo à média de todo o país. Obviamente o resultado não é mais do que uma conjectura educada, uma vez que a distribuição regional da população nativa é apenas uma suposição imprecisa, mas baseada em todas informações disponíveis e assegurando-se a compatibilidade delas no tempo. Além disso, as suposições sobre os africanos são fortes, pois houve algum comércio de escravos entre as regiões e as taxas de mortalidade não foram as mesmas em todas as regiões. No entanto, qualquer conjectura razoável baseada na lógica da ocupação espacial apontaria conclusões qualitativas semelhantes quanto às proporções relativas dos três grupos étnicos nas populações regionais.

As séries estimadas, cuja proporção entre elas aparece na Figura 4.1, indicam que o Nordeste teve um PIB per capita mais alto do que a média brasileira ao longo dos dois séculos iniciais de colonização, até 1768. Os assentamentos em torno da produção de cana-de-açúcar foram a motivação para essa liderança de desenvolvimento. Muita mão de obra europeia e africana veio ao Brasil para se inserir nesses empreendimentos. Ela possuía produtividade maior do que as populações originárias do Brasil e, por isso, sua presença engajada no processo produtivo assegurava maior PIB per capita nessa região. Além das próprias atividades produtivas que se espalhavam pela área rural, havia também serviços de apoio nas cidades e vilas, principalmente referentes ao comércio, seja ele por atacado ou no varejo. A própria administração pública, nessa época, também tinha mais presença no Nordeste do que nas demais regiões, dado que a primeira tinha maior capacidade de gerar tributos para a coroa portuguesa.

Só depois de 1768, já no ciclo do ouro, com a produção de metais preciosos dominando o ambiente e já liderando as exportações brasileiras, o PIB per capita do Nordeste caiu abaixo da média nacional. O Rio de Janeiro passou a ser o grande centro comercial do país, mas cidades como Ouro Preto e Mariana, em Minas Gerais, passaram a ter papel fundamental no apoio urbano às atividades mineradoras. Além disso, muitos europeus sem muitos recursos, mas com mais habilidades produtivas do que os originários das Américas, migraram para as regiões de minas com o intuito de tentar a sorte. Isso elevou bastante a produtividade média da economia local e, com isso, fez com que o PIB per capita local passasse aquele que era encontrado na região Nordeste na época.

No entanto, o Nordeste recuperou sua liderança no nível de desenvolvimento em 1830, quando houve um novo aumento do papel do açúcar nas exportações brasileiras, com o esgotamento das minas de ouro e demais metais preciosos. A cana-de-açúcar ainda tinha o Nordeste como seu principal local de produção no Brasil, apesar de haver também produção no Rio de Janeiro e em São Paulo. A queda da produtividade da economia do Sudeste deu-se por causa do esgotamento das minas, o que levou muito da população de descendência europeia a buscar emprego em outras regiões, ou mesmo voltar para Portugal. O Nordeste foi uma opção, pois o setor açucareiro continuava com bom volume de exportações.

A região só começou a se atrasar novamente, mais fortemente desta vez, depois de 1870. As exportações de café começaram a liderar a economia brasileira e a maioria dos imigrantes entrantes se instalou na região Sudeste ou no Sul, essa última região também fortemente integrada às regiões produtoras de café no Sudeste. Como consequência, o PIB per capita relativo do Nordeste caiu de forma que atingiu apenas 48% da média brasileira em 1939. A proporção do PIB per capita regional para o nacional passou desde então a oscilar em torno desse percentual, sem que houvesse mais recuperação ou perda mais relevante.

Figure 4.1: Tendência de longo prazo da proporção dos PIBs per capita simulados: Nordeste/Brasil

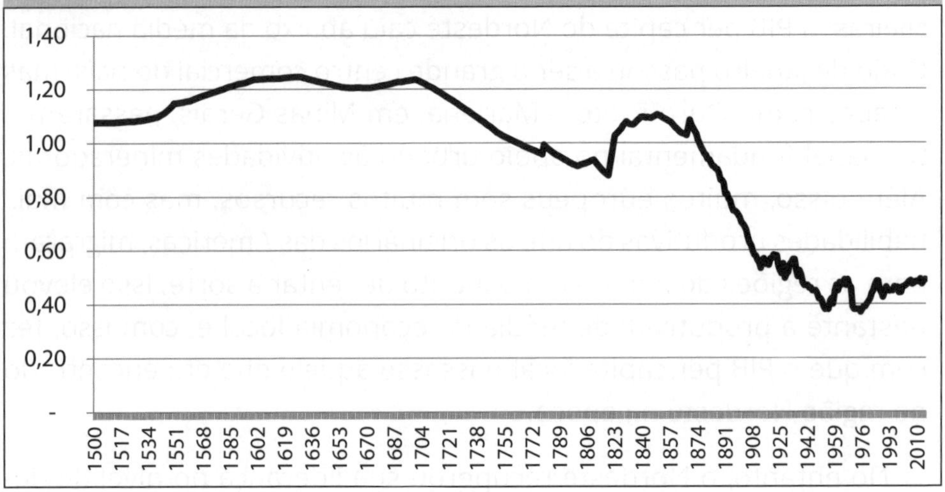

Fonte: Calculado a partir de dados do IBGE, Barros (2016, cap 6), Bolt and van Zanden (2014) e Diretoria Geral de Estatística (1908). Extraído de Barros (2018).

A ORIGEM DO PROBLEMA

Os dados acima indicam que houve perda de PIB per capita relativo do Nordeste em relação à média nacional ao longo de todo o século XVIII. A queda do PIB per capita relativo do Nordeste teria sido de cerca de 27% nesse século, de acordo com a simulação feita acima, e teria se estendido ao longo de todo o século, sem momentos específicos de maior variação. Esse comportamento estimulou a identificação em Barros (2011b, cap. 2) da origem do atraso relativo da região no século XVIII, com o desenvolvimento do chamado ciclo do ouro. O principal fenômeno que explica essa derrocada relativa da região nesse século foi a imigração de muitos europeus para o Brasil com o intuito de encontrar ouro. A exploração desse mineral era acessível a pequenos empresários, que poderiam obter bons resultados apenas com seu trabalho e um pouco de sorte. As exigências de capital para tal empreendimento eram irrisórias. Qualquer aventureiro português podia explorar ouro com pouquíssimos recursos. Obviamente, empresários com mais recursos podiam também montar explorações em maior escala e mesmo empregar escravos na busca por esse metal. Tal característica dessa atividade, que comportava todos os tamanhos de empresas, trouxe muitos europeus, principalmente portugueses, para a região Sudeste, pois era onde se concentrava a produção de ouro. O comércio e os serviços em torno das atividades mineradoras também atraíram muitos europeus.

No século XIX, a queda da proporção do PIB per capita do Nordeste em relação à média nacional foi de 21%, menor do que a ocorrida no século XVIII. Entretanto, esse século contempla parte do período mais radical de deterioração relativa do Nordeste, que se concentrou entre 1870 e 1914. Ao longo desses anos, a queda da proporção do PIB per capita simulado do Nordeste em relação à média nacional foi de 47%. Um outro fator importante para que essa fase seja considerada a de maior deterioração da região é que nela o PIB per capita regional saiu de uma posição de equilíbrio com a média nacional para uma situação em que essa proporção passou a ser em torno de 55% apenas. Considerando-se que o PIB per capita da região em relação à média nacional passou a girar em torno de 50%, desde que há estatísticas do IBGE para PIB per capita regional no país, pode se perceber que esse foi o período de consolidação das desigualdades regionais.

Esse período coincide com as grandes migrações de europeus e japoneses para o Brasil. Italianos, alemães, espanhóis e japoneses se dirigiram quase que totalmente ao Sul e ao Sudeste. Como eles possuíam bem mais capital humano do que a média nacional, o PIB per capita dessas regiões se descolaram muito do encontrado nas demais regiões brasileiras. As desigualdades regionais no país, então, foram consolidadas nesse período. Vale salientar que também foi nesse período que o Brasil teve seu maior crescimento industrial, pois esses imigrantes trouxeram com eles muitas tecnologias industriais e iniciaram a produção secundária na sua nova pátria. Por isso a imigração também elevou o ritmo da industrialização nas regiões às quais eles se dirigiram. Essa correlação levou Furtado (1959a e 1959b) a relacionar o atraso do Nordeste à menor industrialização nesse período. Mas, na verdade, essas regiões se industrializaram mais que o Nordeste porque receberam populações com mais capacidade de empreender na indústria, e não o contrário.

CONVERGÊNCIA DE LONGO PRAZO?

Há na teoria econômica toda uma literatura que trata de convergências de rendas per capita, seja entre países ou regiões. Segundo essa teoria, haveria uma relação de equilíbrio entre os PIBs per capita de duas regiões quaisquer e os desvios desse equilíbrio geralmente levariam ao retorno a eles. Além disso, é possível argumentar que quando o equilíbrio entre o PIB per capita de duas regiões implica uma proporção x da de menor PIB per capita para a de maior, tal que $0<x<1$, quando ela estiver em $y<x$, é mais provável que o desvio do equilíbrio seja tal que a variação de y no tempo seja positiva até ele convergir para o estado em que $y=x$. Basicamente, desequilíbrios nas taxas de retornos dos capitais físico e humano levariam à maior acumulação

deles nas regiões mais pobres e, por isso, o crescimento nelas seria mais elevado, levando à convergência relativa dos PIBs per capita.[2]

Essa hipótese pressupõe que não há arbitragem nos mercados de fatores de produção das regiões. Ou seja, ela é baseada na ideia de que quem varia é a acumulação de capital endógena em cada região, motivada pela remuneração relativamente mais elevada do fator de produção em escassez relativa, não havendo migração do fator de produção de uma região para outra. Essa hipótese em si deveria tornar o argumento irrelevante para convergência regional, pois há muita migração de fatores de produção entre regiões em um país, principalmente de capital físico. No entanto, vários estudos sobre o assunto a nível regional foram realizados, tendo como base equações derivadas de modelos com essa hipótese de não arbitragem. Normalmente, quando realizados para o Brasil, eles demonstram que a convergência é lenta ou inexistente.

A Figura 4.2 traz a proporção de PIB per capita entre o Nordeste e a média nacional desde 1939, ano em que se iniciou a série de PIB per capita regional do IBGE. A série vai até 2015, último ano para o qual existem estatísticas disponíveis. Ela mostra claramente que não há convergência de longo prazo, mas apenas variações estruturais no equilíbrio, que tanto aumentam como diminuem a proporção apresentada. Em 1939, a proporção apresentada era de 0,48, a mesma encontrada em 2009. Contudo, desde esse último ano, houve um aumento da proporção entre PIBs per capita, como pode se ver na figura. Essa melhoria pode ser atribuída à melhora na distribuição de renda no Brasil, como será discutido a seguir.

Barros (2012) apresentou uma análise estatística que comprova que entre 1939 e 2007 não há convergência de PIB per capita entre o Nordeste e a média nacional. Esse artigo utiliza vários métodos econométricos para mostrar que nesse período há várias quebras estruturais na proporção entre os PIBs per capita, mas não há uma

2 Barro e Sala-i-Martin (1992) trazem uma apresentação formal dessa hipótese, além de testes de convergência para estados nos EUA.

tendência de convergência ou divergência entre eles. A pequena convergência desde 2003, que pode ser vista na Figura 4.2, não é necessariamente uma mudança nessa tendência de equilíbrio de longo prazo. Entretanto, os dados a seguir mostram que deve ser sim uma mudança na estagnação existente desde 1939.

FIGURA 4.2: PROPORÇÃO DE PIB PER CAPITA: NORDESTE/BRASIL, 1939-2015

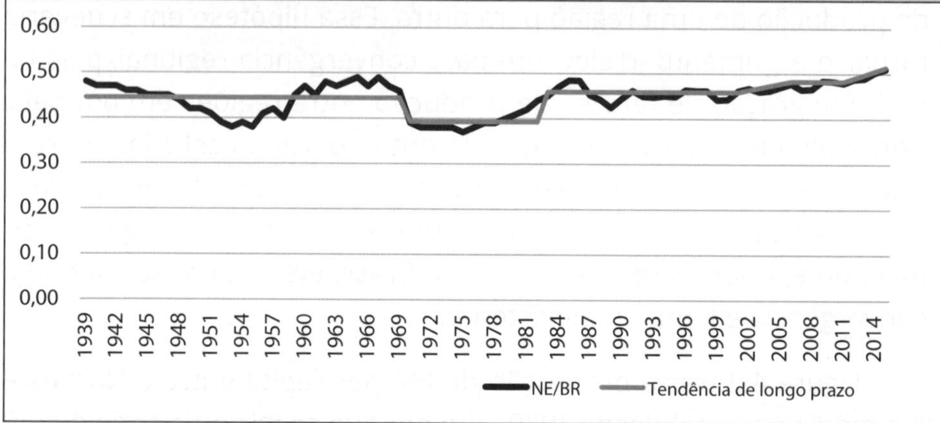

Fonte: IBGE. Contas regionais.

A melhoria da distribuição de renda no país levou ao aumento da participação do PIB per capita do Nordeste no brasileiro, dentro da lógica apresentada por Barros (2011b, cap. 3). Naquele capítulo específico, foi mostrado que a melhoria da distribuição de renda no Brasil sempre reduz a desigualdade regional. Isso ocorre porque ela implica que os mais pobres, ou os com menos capital humano, vão ter renda relativa maior, de acordo com o que foi visto no capítulo anterior. Isso naturalmente beneficia mais as regiões que possuem mais pobres. Entretanto, o capítulo anterior mostrou que se não houver razões para reduzir as disparidades de capital humano médio entre regiões, a mudança da remuneração do capital humano vai apenas mudar o equilíbrio entre as rendas per capita, mas não vai eliminar as disparidades, a não ser que o retorno do capital humano continue caindo e eventualmente convirja a zero.

A Figura 4.3 mostra a relação entre o Coeficiente de Gini e a proporção entre PIBs per capita do Nordeste e do Brasil, que pode estar justificando a pequena redução das disparidades regionais desde 2003. Quanto maior o Coeficiente de Gini, menor a proporção do PIB per capita do Nordeste para a média nacional. Os dados para essa relação estão entre 1976 e 2014, sendo dados da PNAD-IBGE para o cálculo do Coeficiente de Gini e os dados das contas regionais do IBGE para a proporção entre PIBs per capita. O Coeficiente de Gini não foi calculado para os anos censitários por não existir PNADs nesses anos. Assim, 1980, 1991, 2000 e 2010 foram excluídos da amostra. No ano de 1994 também não houve PNAD e por isso ele também foi excluído da amostra da Figura 4.3.

Figura 4.3: Relação entre proporção de PIB (NE/BR) e Coeficiente de Gini

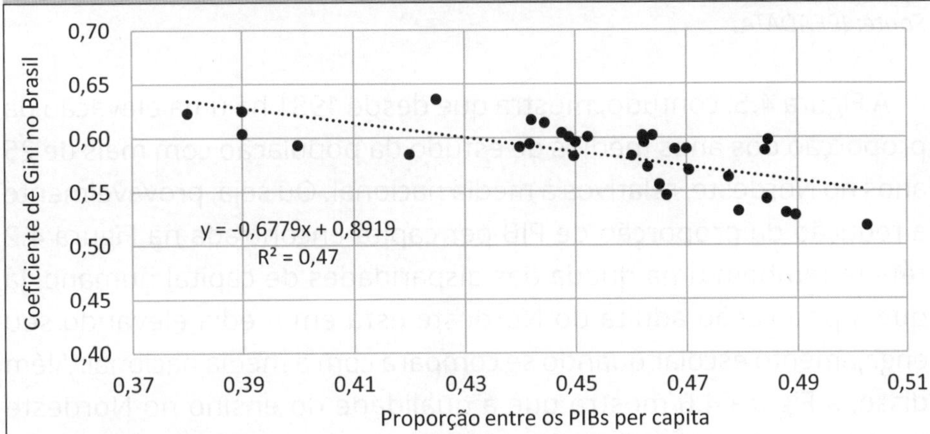

Fonte: IBGE. PNAD para o Coeficiente de Gini e Contas Regionais para a proporção entre os PIBs per capita do Nordeste e do Brasil.

Nota: Os dados são para o período 1976 a 2014, mas exclui os anos censitários.

A Figura 4.4 mostra que o Coeficiente de Gini no Brasil caiu após 2002. Se a relação óbvia entre Gini e desigualdades regionais, como preconizada aqui, for verdadeira, isso tenderia naturalmente a reduzir as desigualdades regionais, como se verificou na Figura 4.2. Parte pelo menos dessa queda do Coeficiente de Gini foi decorrente da queda do retorno da educação, como alguns estudos têm mostrado.[3] Isso significa que não necessariamente houve queda das disparidades em capital humano entre as regiões.

FIGURA 4.4: COEFICIENTE DE GINI PARA O BRASIL, 1976 A 2014

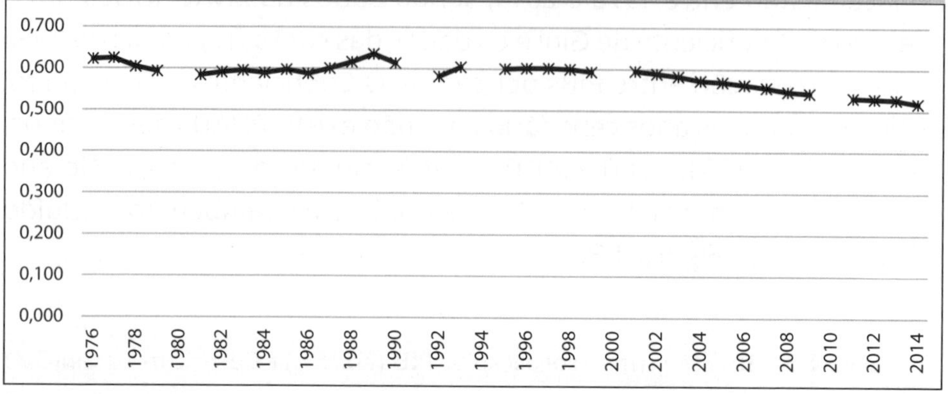

Fonte: IPEADATA.

A Figura 4.5, contudo, mostra que desde 1981 há uma elevação da proporção dos anos médios de estudo da população com mais de 25 anos no Nordeste, relativos à média nacional. Ou seja, provavelmente a redução da proporção de PIB per capita encontrada na Figura 4.2 reflete também uma queda das disparidades de capital humano, já que a população adulta do Nordeste está em média elevando seu engajamento escolar quando se compara com a média nacional. Além disso, a Figura 4.6 mostra que a qualidade do ensino no Nordeste também está se elevando desde 2005, quando se compara à média nacional, se utilizarmos o Índice de Desenvolvimento do Ensino Básico (IDEB) como indicador de qualidade para a educação. Esse índice, particularmente, é para os estudantes do terceiro ano do ensino médio. Apesar das oscilações, a tendência de longo prazo é de elevação da proporção mostrada na Figura 4.6.

3 Ver, por exemplo, Davanzo e Ferro (2014) para o período 2001 a 2012.

Figura 4.5: Proporção de anos médios de estudo da população com mais de 25 anos de idade: Nordeste/Brasil

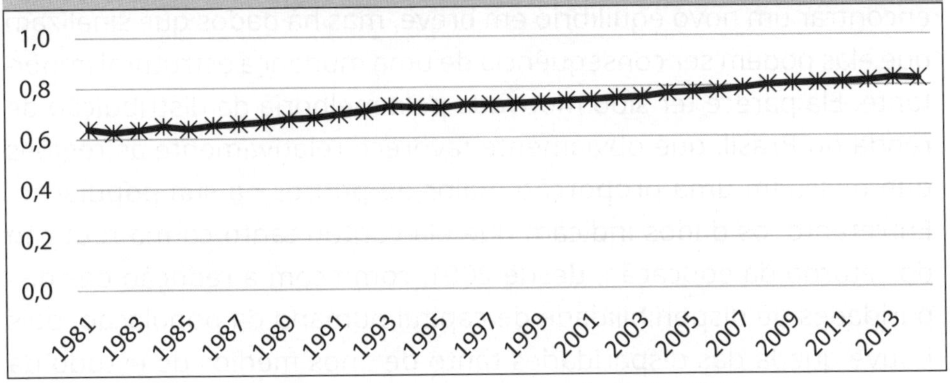

Fonte: IPEADATA. Calculado com base em dados do IBGE, PNAD.

Ou seja, esses dados, todos sobre desempenho em educação, parecem indicar que finalmente as desigualdades regionais no Brasil começam a ceder lentamente. É possível, e provável, que haja uma tendência à sua redução no longo prazo a partir da primeira década do século XXI. O caminho a ser percorrido, contudo, é longo e precisa de uma aceleração para que as disparidades regionais finalmente passem a ser uma página virada em nossa história.

CONCLUSÕES

A desigualdade regional, conforme vista hoje no Brasil, em que o Nordeste é a região mais pobre e o Sudeste e o Sul se destacam pelo seu padrão elevado de desenvolvimento relativo, surgiu com muita força no último quarto do século XIX e continuou a se acentuar no início do século XX. Em 1939, essa desigualdade regional já estava consolidada e se estabilizou, passando a flutuar desde então, mas sempre em torno do patamar já encontrado. Os estudos estatísticos mais rigorosos comprovam essa estabilidade, apesar de haver algumas quebras estruturais no período, em que o equilíbrio da desigualdade regional muda, mas sempre para novos patamares próximos ao anterior.

A redução da desigualdade regional recente, encontrada desde 2003, pode ser uma mudança estrutural dessas e, por isso, poderá encontrar um novo equilíbrio em breve, mas há dados que sinalizam que elas podem ser consequência de uma mudança estrutural importante. Ela parece ter sido motivada pela melhoria da distribuição de renda no Brasil, que obviamente favorece relativamente as regiões que possuem uma proporção maior de pobres na sua população. Entretanto, os dados indicam que ela contou tanto com a redução do retorno da educação, desde 2001, como com a redução das disparidades de disponibilidade de capital humano da população, pois houve queda das disparidades tanto de anos médios de estudo da população com mais de 25 anos, desde 1981, como da qualidade da educação nas regiões, pelo menos desde 2005. Ou seja, a redução das desigualdades regionais recentes pode advir de uma mudança estrutural importante que venha a mudar o seu perfil nos próximos anos, mesmo que de forma lenta, como vem ocorrendo desde 2003.

Capítulo 5

EQUILÍBRIO COM DESIGUALDADES DE RENDA PER CAPITA ENTRE REGIÕES

INTRODUÇÃO

Nos Capítulos 2 e 3 viu-se que as desigualdades regionais no Brasil são explicadas principalmente pelas disparidades entre os estoques médios de capital humano das populações nas diversas regiões. O capítulo anterior, por sua vez, mostrou que o século XIX e início do século XX foram os períodos em que o Nordeste ficou para trás do Sul e do Sudeste no que diz respeito ao seu desenvolvimento e ao PIB per capita. Desde o século XVIII já houve queda da proporção do PIB per capita do Nordeste com relação à média nacional, mas como a região era mais desenvolvida do que as demais, e essa perda foi suave, tal fenômeno apenas levou a um maior nivelamento entre as rendas per capitas das regiões brasileiras. No último quarto do século XIX e primeiro do século XX é que o PIB per capita do Nordeste afundou em relação à média nacional. Juntando as duas conclusões, fica óbvio que foi nesse período final do século XIX e início do século XX que surgiram as grandes disparidades do estoque médio de capital humano entre regiões no país.

Dito isso, é necessário explicar por que surgiram essas desigualdades regionais em disponibilidade média de capital humano naqueles períodos específicos. Esse será o objetivo dos capítulos subsequentes. Antes disso, contudo, é necessário mostrar teoricamente que é possível haver uma situação de equilíbrio regional em um país no qual haja desigualdades regionais, sem que isso provoque uma tendência à convergência de PIBs per capita, como alguns estudos teóricos que utilizam apenas um bem na economia às vezes buscam defender.[1]

Particularmente, dois horizontes de equilíbrios devem ser analisados. Um primeiro, de curto e médio prazo, no qual uma economia encontra um equilíbrio estável em que as regiões têm PIB per capita diferentes e não há forças de mercado que justifiquem uma tendência a maior crescimento das regiões relativamente mais pobres. O segundo equilíbrio a ser analisado é o de longo prazo. Nele deve ser mostrado que não surge nenhuma força intrínseca na economia para que haja uma convergência de PIB per capita no longo prazo. Mais especificamente, a questão é explicar como pode haver equilíbrio com desigualdade espacial sem gerar tendências à migração de fatores ou alteração de preços relativos de bens e serviços que causem convergência de renda per capita no curto e no médio prazo. Além disso, também se deve mostrar que nenhum outro incentivo à acumulação dos fatores de produção leva ao crescimento maior do PIB per capita nas regiões mais pobres, ou que não há convergência de longo prazo desse indicador.

Essa última conclusão é fundamental para entender a relevância da conclusão empírica também vista no Capítulo 4, de que não há nenhuma tendência de longo prazo à convergência de PIB per capita do Nordeste com a média nacional, apesar de uma queda recente ter sido identificada e, aparentemente, fundada em bases sólidas que são a redução das disparidades de nível de instrução e mesmo a qualidade da educação entre regiões. Ou seja, se for possível mostrar que não há tendência intrínseca na economia à convergência de longo prazo entre PIBs per capita regionais, a estabilidade será vista como natu-

1 Ver, por exemplo, Barro e Sala-i-Martin (1992).

ral e a redução recente de disparidades regionais deverá encontrar outras razões fora do simples funcionamento das forças de mercado.

Barros (2011b, apêndice 2) mostrou que em uma economia com duas regiões e dois bens há mais de um equilíbrio possível de renda per capita relativa. Barros (2016, cap. 3) estendeu esse resultado para vários países e bens. Como o modelo ali apresentado supõe que não haja restrição ao comércio de bens e serviços e ao fluxo de fatores entre países, a mesma lógica aplica-se para regiões dentro de um mesmo país. Ou seja, o modelo ali apresentado é uma generalização do utilizado em Barros (2012, apêndice 2). As seções a seguir apresentarão um resumo do modelo de 2016, pois ele é mais geral e menos acessível ao público brasileiro, já que o texto original está em inglês.

Nesse modelo, que veremos a seguir, existe um fator de produção cuja distribuição espacial deve ser determinada de maneira exógena, mesmo que haja plena arbitragem dos mercados de todos os fatores de produção entre as regiões. Vamos assumir que esse será o capital humano e, por tal, teremos que mostrar que sua acumulação endógena mantém a disponibilidade relativa para que não haja convergência ou divergência de rendas per capita regionais. Esse será o objeto da última seção do capítulo. Inicialmente, o foco será apenas mostrar que há equilíbrio com disparidades regionais, mesmo que os mercados funcionem perfeitamente dentro da definição clássica dos economistas: perfeita mobilidade de bens e fatores de produção sem custo de transação.

O capítulo está organizado como segue. A próxima seção apresenta o modelo com múltiplos bens e fatores de produção. A Seção 3 discute o equilíbrio geral, enquanto a Seção 4 mostra as consequências quando há divisão espacial da produção entre regiões. A Seção 5 apresenta o modelo, também extraído de Barros (2016, cap. 5), que mostra que as desigualdades em estoque de capital humano entre regiões não induzem a nenhuma convergência de longo prazo nesse estoque, o que poderia levar à convergência de longo prazo. A Seção 6 resume as principais conclusões e discute as consequências dos modelos para o equilíbrio regional.

MODELO COM MÚLTIPLOS SETORES E VÁRIAS REGIÕES

O modelo a ser apresentado aqui trata de uma economia que possui vários bens e serviços, todos comercializáveis entre regiões, vários fatores de produção e vários consumidores e empresas, além de várias regiões. Ele é um modelo que assume que todos os agentes são racionais e maximizam suas funções utilidades, quando são consumidores, e seu lucro, quando são firmas. A versão apresentada aqui é estática. Assim, as maximizações são sempre em ambientes estáticos. Essa simplificação certamente não distorce os resultados, já que a otimização dinâmica sempre pressupõe a otimização estática em cada momento, desde que não surjam contradições entre equilíbrios estáticos. Como o foco aqui é a demonstração da existência de equilíbrios múltiplos, não de identificação das regras definindo sua dinâmica, a versão estática é suficiente para os propósitos estabelecidos.

DEMANDA DE CADA BEM NA ECONOMIA

O modelo inicia com a suposição de que há vários consumidores, cada um maximizando funções utilidades definidas como:

$$U_j = \left[\sum_{i=1}^{m} C_{ij}^{\frac{\theta-1}{\theta}} \right]^{\frac{\gamma\theta}{\theta-1}} S_j^{1-\gamma}$$

Em que C_{ij} é o consumo do bem i pelo consumidor j, medido em unidades desse bem. S_j é a poupança do indivíduo j, medida em unidades monetárias. As letras gregas são parâmetros, tais que $\theta>1$ e $0<\gamma<1$. A primeira restrição assegura que a utilidade aumenta com o consumo de cada bem, e a segunda faz com que a função de utilidade seja linearmente homogênea em S_j e uma medida de consumo agregado.

Essa função de utilidade impõe que há m bens e serviços na economia. No entanto, contrariamente a uma função de utilidade Cobb-Douglas padrão, não é necessário que $C_{ij}>0$ para todos os bens e serviços e todos os consumidores. $C_{ij}=0$ para alguns produtos, mas não todos eles, é uma solução possível para esse consumidor. O número de mercadorias m será considerado exógeno, dado o estado da tecnologia e das necessidades humanas. Essa é apenas uma hipótese simplificadora do modelo.

Esse consumidor maximiza essa função de utilidade sujeita a uma restrição orçamentária que pode ser definida como:

$$Y_j = S_j + \sum_{i=1}^{m} P_i C_{ij} \quad \textbf{(1)}$$

Em que Y_j é a renda desse consumidor, que é mensurada em unidades monetárias, e P_i é o preço do bem i, também medido em unidades monetárias. As outras variáveis são como anteriormente definidas. Essa restrição orçamentária pressupõe que não há governo, uma vez que nenhuma participação da renda individual é empregada para pagar impostos. Essa é outra suposição simplificadora para manter o modelo o mais simples possível com o fim de se concentrar em seus objetivos.

A condição de primeira ordem para a maximização da função de utilidade sujeita à restrição orçamentária expressa na equação (1) gera:

$$P_i(1-\gamma)\left[\sum_{i=1}^{m} C_{ij}^{\frac{\theta-1}{\theta}}\right] = \gamma C_{ij}^{-\frac{1}{\theta}} S_j \quad \textbf{(2)}$$

A multiplicação dos dois lados dessa equação (2) por C_{ij} a transforma em:

$$P_i(1-\gamma)C_{ij}\left[\sum_{i=1}^{m} C_{ij}^{\frac{\theta-1}{\theta}}\right] = \gamma C_{ij}^{\frac{\theta-1}{\theta}} S_j \quad \textbf{(2')}$$

Se somarmos os dois lados da equação (2') a todos os bens i nessa economia, obviamente ainda considerando um único consumidor j, obtém-se:

$$\left(\frac{1-\gamma}{\gamma}\right)\sum_{i=1}^{m} P_i C_{ij} = S_j \tag{3}$$

Se combinarmos essa equação (3) com a equação (1):

$$Y_j = \left(\frac{1}{\gamma}\right)\sum_{i=1}^{m} P_i C_{ij} \tag{4}$$

e

$$S_j = (1-\gamma)Y_j \tag{5}$$

Da equação (5) é possível definir uma função demanda total para esse consumidor como:

$$D_j = Y_j - (1-\gamma)Y_j = \gamma Y_j \tag{6}$$

Uma combinação da equação (5) com a equação (2) pode definir C_{ij} como uma função das outras variáveis no modelo e seus parâmetros. Multiplicando ambos os lados desse resultado por P_i e fazendo algumas manipulações algébricas:

$$P_i C_{ij} = (\gamma Y_j)^{\theta}\left[\sum_{i=1}^{m} C_{ij}^{\frac{\theta-1}{\theta}}\right]^{-\theta} P_i^{1-\theta} \tag{7}$$

Se somarmos os dois lados da equação (7) para todos os bens:

$$\sum_{i=1}^{m} P_i C_{ij} = (\gamma Y_j)^{\theta} \left[\sum_{i=1}^{m} C_{ij}^{\frac{\theta-1}{\theta}}\right]^{-\theta} \sum_{i=1}^{m} P_i^{1-\theta} \quad \textbf{(8)}$$

Uma combinação das equações (2), (4) e (8) gera:

$$C_{ij} = (\gamma Y_j) \left[\sum_{i=1}^{m} P_i^{1-\theta}\right]^{-1} P_i^{-\theta} \quad \textbf{(9)}$$

Pode-se introduzir a definição de um índice de preço como uma média geométrica não ponderada de todos os preços, que seria representado como:

$$P = \left[\left(\frac{1}{m}\right) \sum_{i=1}^{m} P_i^{1-\theta}\right]^{\frac{1}{1-\theta}} \quad \textbf{(10)}$$

Se combinarmos essa definição de índice de preço com a equação (9):

$$C_{ij} = \gamma Y_j \left(\frac{P_i}{P}\right)^{-\theta} (mP)^{-1} \quad \textbf{(11)}$$

Essa é a demanda do indivíduo j pelo bem ou serviço i. Se esses indivíduos são representativos e há n deles na economia nacional, espalhados por todas as regiões, a demanda total por este bem Q_i pode ser vista como a soma da demanda de todos esses indivíduos, que é:

$$Q_i = \sum_{j=1}^{n} C_{ij} = \gamma \left(\frac{P_i}{P}\right)^{-\theta} (mP)^{-1} \sum_{j=1}^{n} Y_j \quad \textbf{(12)}$$

É importante notar que todos os indivíduos pagam exatamente o mesmo preço por um mesmo bem, seja lá qual for o bem, independentemente da região em que ele se encontra. Essa é uma consequência de algumas suposições básicas introduzidas no modelo, que são: (i) há livre comércio entre as regiões, sem nenhum custo de transação; (ii) há informação completa e arbitragem perfeita em todos os mercados de bens e serviços.

Definindo-se a demanda agregada total na economia como a soma de todas as demandas totais individuais, que foram expressas na equação (6), e introduzindo-se o conceito de demanda agregada total real como essa soma dividida pelo índice de preços definido na equação (10), é possível expressar esta variável como:

$$\bar{Y} = \frac{\gamma}{P}\sum_{j=1}^{n} Y_j \qquad \textbf{(13)}$$

Substituindo-se a equação (13) na (12), pode se obter:

$$Q_i = \frac{\bar{Y}}{m}\left(\frac{P_i}{P}\right)^{-\theta} \qquad \textbf{(14)}$$

Essa equação introduz a demanda Q_i de cada bem na economia nacional. Vale ressaltar que não houve nenhuma ênfase na localização do consumidor até então. Por enquanto, o consumidor poderia viver em qualquer região do país, dependendo de outros determinantes de sua localização espacial que serão discutidos mais adiante.

A Produção de Cada Bem na Economia

Cada firma nesta economia produz um bem específico, que não é um substituto perfeito de nenhum outro. É por isso que a demanda de cada um deles foi introduzida da forma específica encontrada na última subseção. Uma firma enfrenta uma função de produção Cobb-Douglas padrão, que pode ser expressa como:

$$Z_i = A_i \prod_{j=1}^{v} F_j^{\delta_{ij}} \quad \text{(15)}$$

Na qual Z_i é sua produção, A_i é um índice de produtividade e F_j é a quantidade do fator de produção j empregada no processo produtivo. Por suposição, existem v fatores de produção nesta economia, que têm que ser todos empregados na produção de todos os bens. Ou seja, $F_j>0$ para qualquer j. As letras gregas δ_{ij} são parâmetros que representam a elasticidade de produção do bem i em relação à quantidade do fator j. Por suposição:

$$\sum_{j=1}^{v} \delta_{ij} = 1 \quad \text{(16)}$$

Essa condição torna a função de produção linearmente homogênea, de modo que tenha retorno constante de escala. A multiplicação de todos os fatores de produção por uma constante também multiplica a produção por essa mesma constante.

Essa firma enfrenta uma função lucro, que pode ser definida como:

$$\pi_i = P_i A_i \prod_{j=1}^{v} F_j^{\delta_{ij}} - \sum_{j=1}^{v} w_j F_j \quad \text{(17)}$$

Em que w_j é a taxa de retorno do fator de produção j, que também será mencionado de agora em diante como o preço do fator j: uma nomenclatura mais de acordo com a literatura de comércio internacional. P_i é o preço do bem i e π_i é o lucro da empresa i.

Obtendo-se P_i da função demanda representada na equação (14) e substituindo-se de volta na equação (17):

$$\pi_i = \left(\frac{\bar{Y}}{m}\right)^{\frac{1}{\theta}} P\left(A_i \prod_{j=1}^{v} F_j^{\delta_{ij}}\right)^{\frac{\theta-1}{\theta}} - \sum_{j=1}^{v} w_j F_j \qquad \textbf{(17')}$$

A partir dessa função, a condição de primeira ordem para a maximização de lucro da firma gera:

$$\delta_{ij}\left(\frac{\theta-1}{\theta}\right)\left(\frac{\bar{Y}}{m}\right)^{\frac{1}{\theta}}\left(A_i \prod_{j=1}^{v} F_j^{\delta_{ij}}\right)^{\frac{\theta-1}{\theta}} = \left(\frac{w_j}{P}\right) F_j \qquad \textbf{(18)}$$

Existem v dessa equação para cada empresa, uma para cada fator de produção que emprega. Portanto existem vm dessas equações (v vezes m) para o país inteiro, já que há m bens ou serviços na economia. Vale ressaltar que essas equações não têm o preço do bem vendido como uma de suas variáveis, já que a relação entre preço e quantidade vendida pela empresa foi substituída na função lucro sob a hipótese implícita de que os decisores conhecem a função demanda para o bem que a empresa produz. No entanto, o índice de preços P manteve-se na equação (18) para introduzir o papel do retorno real do fator de produção como um dos determinantes da quantidade empregada na produção de cada bem. Também vale notar que as empresas não são todas iguais. Portanto δ_{aj} não é necessariamente igual a δ_{bj} para diferentes firmas a e b, mesmo que o fator de produção j seja o mesmo. Na verdade, supõe-se que existem algumas diferenças, especialmente no fator de produção trabalho.

Outra característica importante das decisões de produção, como foram apresentadas até então, é que não há, até o momento, nenhuma relação de qualquer firma com uma determinada região. Por enquanto, qualquer uma delas poderia estar em qualquer região e poderia se mover livremente entre as regiões do país, pois não há fator de produção imobilizado nesta economia. Além disso, como não há custos de transação ou quaisquer outras restrições ao comércio, todas as empresas venderiam sua produção em qualquer região pelo mesmo preço. Esses argumentos simples revelam que há indeterminação na localização das firmas neste modelo, algo que será mais explorado a seguir.

EQUILÍBRIO GERAL

Como uma hipótese simplificadora, supor-se-á que não há acumulação ou depreciação de qualquer fator de produção. Portanto não há motivo para os consumidores pouparem, de modo que $\gamma=1$ e $S_j=0$ para qualquer j. Isso traz o foco para a versão estática do modelo e as características de seu equilíbrio. Nenhuma dinâmica de ajuste para esse equilíbrio será objeto de análise aqui. O foco é apenas o próprio equilíbrio.

Se a quantidade de cada fator de produção for determinada em todo o país, é possível definir um conjunto de equações, tais como:

$$\overline{F}_j = \sum_{i=1}^{m} F_{ij} \qquad (19)$$

Essa equação diz que a quantidade total de cada fator de produção j, $\overline{F}_j$, é determinada de maneira exógena e igual à soma de todas as quantidades desse fator de produção empregadas pelas m firmas na economia. Embora cada F_{ij} seja determinado de forma endógena, a soma de todos eles é dada. Existem v equações como essa na economia mundial, uma para cada fator de produção.

Todos os fatores de produção nesta economia também têm um preço (ou retorno) para a sua utilização produtiva, pois contribuem para a produção da firma e os seus proprietários só estarão interessados em permitir sua utilização caso obtenham algum retorno positivo por isso. Além disso, eles também vão procurar o melhor retorno para seus fatores de produção. Como, por pressuposto, os fatores são os mesmos dentro de cada tipo e há informação perfeita, a arbitragem assegurará que seus preços sejam exatamente os mesmos para todos aqueles do mesmo tipo. Caso contrário, aqueles com menor retorno serão oferecidos para as posições daqueles com maior retorno. Em outras palavras, assume-se que há concorrência perfeita no mercado de fatores. Portanto existem apenas v preços de fatores de produção, w_j's, nesta economia.

Dadas as suposições apresentadas até então, não existe diferença de fatores de produção entre regiões ou restrições para a mobilidade inter-regional deles. Consequentemente, seus preços são os mesmos em todas as regiões e em todo o país há apenas aqueles preços de fatores de produção que foram mencionados. Vale notar que, diferentemente do modelo de Heckscher-Ohlin, no qual a equalização dos preços dos fatores é um teorema a ser provado e que só funciona em algumas condições especiais[2], a perfeita mobilidade de fatores entre regiões assegura que essa equalização de preços de fatores sempre ocorre.[3]

O equilíbrio geral desse modelo tem que determinar: (i) a demanda de cada um dos m bens ou serviços nessa economia, que foram representados por Q_i na Seção 2.1; (ii) o preço de cada um desses bens ou serviços, representado por P_i; (iii) as quantidades Z_i produzidas dos m bens ou serviços na economia; (iv) todas as F_{ij}, que são as quantidades de cada fator de produção empregadas pelas m firmas e que são mv no total; (v) todos os preços de fatores w_j, que são v sob as condições de arbitragem perfeita definidas acima; (vi) todos os n rendimentos individuais, definidos como Y_j na Seção 2.1. Além dessas variáveis endógenas, há também um índice de preços P, definido na equação (10), e uma renda real total $\bar{Y}$, definida na equação (13). A

2 Ver, por exemplo, Takayama (1982), Jones e Scheinkman (1977) e Chang (1979). Ver também Samuelson (1948 e 1949) para a apresentação original desse teorema.

3 O modelo de Heckscher-Ohlin tem na não mobilidade de fatores de produção uma de suas suposições básicas.

Tabela 5.1 traz uma síntese de todas as variáveis endógenas incluídas no modelo até o momento.

TABELA 5.1 NÚMERO DE VARIÁVEIS NO MODELO DE CADA UM DOS TIPOS

Variáveis	Quantidades
Rendas individuais (Y_j)	n
Demanda de cada um dos bens ou serviços (Q_i)	m
Produção das firmas (Z_i)	m
Quantidade empregada por cada firma de cada um dos tipos de fatores de produção (F_{ij})	mv
Preços dos bens ou serviços (P_i)	m
Preços dos fatores de produção (w_j)	v
Índice de preço	1
Renda real agregada	1

Para determinar essas variáveis, há até o momento: (i) as m funções de produção, uma para cada bem ou serviço; (ii) as m funções de demanda representadas pela equação (14); (iii) as condições de primeira ordem para maximização do lucro, uma para cada um dos v fatores de produção dentro de cada uma das m empresas, que são representadas pela equação (18); (iv) os totais globais de equilíbrio geral de cada fator de produção, representados pela equação (19); (v) a definição do índice de preços P, apresentada na equação (10), e a definição da renda agregada total, que aparece na equação (13). Todas essas equações estão listadas na Tabela 5.2 com suas respectivas quantidades.

TABELA 5.2 EQUAÇÕES DO MODELO DE EQUILÍBRIO GERAL

Equações	Quantidades
Funções de produção	m
Condições de primeira ordem para a maximização de lucros das firmas individuais	mv

Equações	Quantidades
Função demanda para cada bem ou serviço	m
O total de cada fator de produção em todo o país	v
Definição do índice de preço	1
Definição de renda agregada real	1

Uma contagem simples das equações e das variáveis endógenas indica que existem algumas equações faltando no conjunto delas resumido no parágrafo acima e na Tabela 5.2. Um dos conjuntos de variáveis ausente é a condição que, em equilíbrio, a oferta de cada bem é igual à sua demanda. Assim sendo:

$$Z_i = Q_i \quad \textbf{(20)}$$

Há m equações como essa, uma para cada bem ou serviço na economia. A correspondência entre equações e variáveis indica que ainda faltam n equações necessárias para determinar os rendimentos individuais. Elas formam um conjunto de equações que definem os rendimentos dos indivíduos a partir das propriedades dos fatores de produção e das ações das firmas. Dessa forma:

$$Y_s = \sum_{j=1}^{v} w_j F_{sj} + \sum_{i=1}^{m} \rho_{si}\pi_i \quad \textbf{(21)}$$

Em que F_{sj} agora é a quantidade de fator de produção do tipo j pertencente ao agente s, e ρ_{si} é a participação da empresa i pertencente ao indivíduo s. Nesse modelo, todos os F_{sj} e ρ_{si} são exógenos. Assim, cada uma dessas equações determina a renda do consumidor s em função dos retornos dos fatores de produção e dos lucros das empresas. Há n equações como essa, uma para cada consumidor.

A inclusão de π_i quebrou novamente o equilíbrio entre equações e variáveis endógenas, já que ele começou a aparecer na determinação de outras variáveis endógenas através da equação (21) e é determinado de forma endógena pelo comportamento dos agentes. Portanto o conjunto de equações v representadas pela equação (17) deve ser trazido ao sistema de equações para tornar o número de equações igual ao número de variáveis.[4]

O modelo, tal qual descrito acima, pode ter uma solução única para todas as variáveis endógenas. Todas as firmas produziriam a quantidade mais lucrativa de bens para elas e os consumidores estariam maximizando suas utilidades. Todos os fatores de produção seriam alocados na produção e obteriam o melhor retorno possível para o seu emprego. As equações mencionadas na Tabela 5.2, além de todas as representadas pelas definições representadas nas equações (17) e (21), são suficientes para determinar o equilíbrio na economia.

A tarefa complexa de encontrar uma equação para cada variável endógena em função de variáveis e parâmetros exógenos não será buscada aqui, pois não interessa para os objetivos deste capítulo. No entanto, as discussões relevantes que emergem da análise desse equilíbrio são apresentadas na próxima seção.

A DECOMPOSIÇÃO DO PAÍS EM REGIÕES

As suposições de que não há nenhum custo de transação ou qualquer outra restrição ao comércio entre regiões, além da perfeita mobilidade de fatores produção, permitiram que não houvesse preocupação com o espaço na análise do equilíbrio até então. Informações perfeitas para todos os agentes e arbitragem plena em todos os mercados de fatores de produção asseguraram que todas as firmas pagam o mesmo preço a fatores de produção iguais. Essas mesmas suposições sobre

4 Vale ressaltar que, para cada fator de produção, existe uma equação como a (19). Uma vez que todas as variáveis $\bar{F}_j$ definidas por esse conjunto de v equações são exógenas, elas não contam para o equilíbrio entre equações e variáveis endógenas. No entanto, por construção, todas as v equações nesse conjunto serão sempre verdadeiras.

custos de transação, informações completas e perfeita mobilidade dos fatores de produção ainda serão mantidas ao longo da análise que introduz a noção de espaço nesta seção.

Para entender o conceito de região nesta economia, é necessário dividir os fatores de produção em dois tipos. Aqueles que são incorporados em seus donos e aqueles que podem ser fisicamente separados deles. O capital humano e o trabalho estão entre os primeiros tipos, enquanto o capital físico e os recursos naturais estão entre os últimos. Mesmo que alguns desses fatores de produção sejam divididos em categorias menores, como tipo de capital físico e tipo de capital humano, essas distinções ainda persistem.

Sob tais suposições e conceitos, uma região pode ser definida como um conjunto de indivíduos, que possui um subconjunto de cada tipo de fator de produção e participação nas empresas e vive em um determinado espaço territorial. Além disso, algumas firmas operam nesse território e contratam uma grande parte dos fatores de produção incorporados dos indivíduos que vivem dentro de suas fronteiras. Obviamente, existem muitos trabalhadores que atravessam as fronteiras de sua região de origem para trabalhar em outras, mesmo que ainda vivam em sua região de origem, onde não trabalham. No entanto, esse tipo de prática envolve uma minoria dos fatores de produção incorporados. Por isso, esse fato será desprezado nas análises a seguir.

Com esse conceito, a renda total de uma região Y_c pode ser representada como:

$$Y_c = \sum_c Y_j \qquad \textbf{(22)}$$

Em que Y_j é a renda do residente j, e esses residentes são todos aqueles indivíduos incluídos no subconjunto de indivíduos c, que é aquele que inclui todos os indivíduos que vivem nessa região. Vale ressaltar que nenhuma restrição ao número de regiões foi introduzida. A única restrição é que todos os indivíduos vivam em uma única região, de modo que o total de indivíduos no país seja igual à soma do total de indivíduos em cada região.

Vale ressaltar que, se todos os indivíduos dentro desse país forem ordenados por sua renda individual, uma região pode ter indivíduos aleatoriamente distribuídos em todos os percentis desse ranking. Entretanto, ela também pode ter indivíduos distribuídos principalmente em poucos percentis que podem gerar um viés em sua renda individual, tanto para cima como para baixo. Por exemplo, uma região pode ter uma participação maior de seus indivíduos com renda individual acima da média nacional de tal forma que sua renda per capita média esteja acima desta.

Vale ressaltar que renda média per capita em uma região acima ou abaixo da média nacional advém da composição da população residente nessa região. Se houver quantidade suficiente de firmas operando nessa região para que todos os fatores de produção sejam totalmente empregados, como sugere o equilíbrio, não haverá nenhum motivo para que os indivíduos residentes nela migrem para outras regiões. A economia nacional poderia estar em equilíbrio com algumas regiões com renda média per capita acima ou abaixo da média nacional e, ainda assim, não haveria nenhuma oportunidade de arbitragem, com migrações entre regiões. Portanto, nesse modelo, com perfeita mobilidade de fatores de produção, informações perfeitas e sem custos de transação, é possível existir equilíbrios com renda per capita desigual entre regiões e não surgir nenhuma arbitragem que possa gerar convergência ou divergência de rendas per capita. Alguns desses pressupostos devem ser violados para gerar instabilidade no equilíbrio e gerar convergência.[5]

5 Os modelos de crescimento econômico que geram convergência, como os introduzidos por Barro e Sala-i-Martin (1992 e 1995, cap. 11), normalmente pressupõem que não há mobilidade de fatores de produção. Como consequência, os preços dos fatores não são os mesmos em todos as regiões ou países.

Nesse contexto, a produção total de uma região Z_{cT} pode ser definida como:

$$PZ_{cT} = \sum_{i=1}^{m_c} P_i Z_i \tag{23}$$

Em que m_c é o número de firmas dentro da região. Se as unidades de cada bem forem redefinidas de modo que P_i=1 para todas elas:

$$Z_{cT} = \sum_{i=1}^{m_c} Z_i \tag{23'}$$

Obviamente, P=1 sob essa redefinição de unidades de todos os bens.

Nesse momento, vale tomar um fator de produção L como sendo proporcional ao número de indivíduos, como geralmente se faz com o trabalho na maioria dos modelos de crescimento econômico. Essa proporção é tal que o total desse fator de produção em uma região L_{cT} é igual à sua população. Portanto, das equações (15) e (18):

$$Z_i = \left[\left(\frac{\theta}{\theta-1}\right)\left(\frac{1}{\delta_{iL}}\right)\left(\frac{m}{\bar{\bar{Y}}}\right)^{\frac{1}{\theta}} w_L L_i\right]^{\frac{\theta}{\theta-1}} \tag{24}$$

Em que as redefinições de unidades também foram introduzidas de modo que P=1. Substituindo esse resultado na equação (23'):

$$Z_{cT} = \left[\left(\frac{\theta}{\theta-1}\right)\left(\frac{m}{\bar{\bar{Y}}}\right)^{\frac{1}{\theta}} w_L\right]^{\frac{\theta}{\theta-1}} \sum_{i=1}^{m_c}\left(\frac{L_i}{\delta_{iL}}\right)^{\frac{\theta}{\theta-1}} \tag{25}$$

Definindo z_{cT} (letra minúscula) como a produção per capita:

$$z_{cT} = \left(\frac{Z_{cT}}{L_{cT}}\right) = \left[\left(\frac{\theta}{\theta-1}\right)\left(\frac{m}{\bar{Y}}\right)^{\frac{1}{\theta}} w_L\right]^{\frac{\theta}{\theta-1}} L_{cT}^{\frac{1}{\theta-1}} \sum_{i=1}^{m_c}\left(\frac{\ell_i}{\delta_{iL}}\right)^{\frac{\theta}{\theta-1}} \quad \textbf{(26)}$$

Em que ℓ_i é a proporção do trabalho (o fator de produção proporcional à população) para a população total da região.

É importante ressaltar que a arbitragem entre regiões devida à perfeita mobilidade de fatores de produção garante que w_L, seja a mesma em todas as regiões. $\bar{Y}$ e m são variáveis definidas para o país inteiro e, portanto, são iguais para todas as regiões. No entanto, a equação (26) implica que quanto maior a população de uma região, maior será a sua produção per capita. Esse resultado, no entanto, é condicionado ao número de empresas dentro desta região, que é representado por mc na equação (26). Se o número de empresas aumentar na mesma proporção que a população aumentar, o que é uma suposição razoável, essa relação entre a produção per capita e a população total será eliminada.

A equação (26) revela o fato de que, para uma determinada região, quanto maior a concentração de emprego (ℓi) em firmas com menor intensidade de mão de obra (menor δ_{jL}), maior será a produção per capita. Como $\sum_{j=1}^{v} \delta_{ij} = 1$, setores com δ_j inferiores tendem a ter intensidades de capital humano e/ou físico relativamente maiores, embora isso também possa acontecer devido a uma alta intensidade de recursos naturais. No entanto, em média, é razoável supor que uma menor intensidade de mão de obra está associada a maiores intensidades de capital humano e/ou físico. Portanto regiões com especialização em bens ou serviços intensivos em capital humano tendem a ter maior produção per capita.

Agora suponha que todas as pessoas estejam distribuídas de maneira exógena entre as regiões de forma aleatória. Todos os indivíduos que forem colocados em uma região inicialmente carregam com eles todos os seus fatores de produção, tanto os incorporados como os não incorporados. Dada essa distribuição inicial de pessoas e fatores de produção, as firmas podem entrar nesse mundo fictício com seus gestores escolhendo racionalmente suas localizações. Rigorosamente, contudo, as firmas seriam distribuídas aleatoriamente, pois não há custo para os movimentos dos fatores de produção. Depois de sua escolha aleatória inicial de localização, mudanças nos preços dos fatores criariam os incentivos para os movimentos de fatores de produção para que a distribuição espacial deles se ajustasse às necessidades das firmas.

Entretanto, se houver um custo mínimo para as pessoas se moverem entre regiões, as firmas já se estabelecerão racionalmente onde há disponibilidade dos fatores de produção incorporados que elas precisam em seus processos produtivos. Então, contratam os fatores de produção desincorporados de qualquer que seja a distância que eles tenham que vir. Portanto a distribuição espacial da produção seria determinada pela distribuição da população e seus fatores de produção incorporados.

Dado que o trabalho é o padrão para medir a produção per capita, o capital humano é o candidato óbvio para ser o fator de produção incorporado que é distribuído espacialmente de forma exógena, pois as pessoas podem considerar outros determinantes não econômicos na escolha de seus lugares para morar. Portanto, sob as conclusões dos parágrafos anteriores, a distribuição espacial, dado o capital humano, tende a determinar a produção relativa per capita entre as regiões nesse modelo de equilíbrio nacional.

A distribuição espacial das firmas se ajustaria à distribuição espacial do capital humano, com aquelas que empregam proporcionalmente mais desse fator de produção concentrando-se nas regiões com maior disponibilidade relativa dele. É por isso que as regiões com maior disponibilidade de capital humano são aquelas com maior concentração de sua produção total em firmas que empregam relativamente mais capital humano.

Dado que a distribuição espacial das empresas atinge seu equilíbrio em um ponto em que todos os fatores de produção são empregados no local onde estão instalados, não há nenhum mecanismo de mercado que afaste a economia desse equilíbrio para qualquer outro. Portanto não há migração de nenhum fator de produção após a economia atingir esse equilíbrio. Somente quando ocorrem mudanças na tecnologia ou preferências dos consumidores, ocorre um novo movimento de ajuste. A maneira mais simples como esses ajustes ocorrem é a migração dos fatores de produção que são mais fáceis de mover. Nas economias modernas, o capital é esse fator de produção, embora haja também alguns movimentos espaciais de mão de obra ou de capital humano através das fronteiras.

TRANSMISSÃO DE CAPITAL HUMANO ENTRE GERAÇÕES

Sendo o capital humano per capita um fator de produção distribuído de maneira exógena no modelo de equilíbrio geral apresentado nas seções anteriores, se houver alguma tendência à convergência da disponibilidade desse fator entre regiões, o equilíbrio com desigualdades regionais seria temporário e haveria tendência de longo prazo à convergência de produção per capita. Isso ocorreria mesmo que o equilíbrio com informação e arbitragens perfeitas permita desigualdades regionais. Nesta seção, essa possibilidade será discutida em um modelo de acumulação de capital humano ao longo de gerações.

Há várias pesquisas empíricas que revelam uma relação positiva entre a educação dos pais e a de seus filhos.[6] Quanto mais longo for o período que os primeiros passam na escola, mais tempo os segundos também tenderão a dedicar aos estudos. A força dessa relação varia

6 Ver, por exemplo, Hertz et. al. (2008), Sacerdote (2002), Nichols and Favreault (2009) e Black, Devereux and Salvanes (2005). Black e Devereux (2010) apresentam uma revisão da literatura até aquele momento.

de país para país e pode mudar entre comunidades de uma mesma sociedade. No entanto, tal relação é sempre encontrada na realidade.

A literatura aponta três principais fontes dessa relação. A primeira é uma relação causal decorrente do ambiente doméstico. Nos domicílios em que os pais são mais instruídos, as crianças tendem a ser estimuladas a desenvolver habilidades cognitivas por meio de suas interações sociais. O raciocínio lógico é exigido com mais frequência das crianças, o que as obriga a praticarem e desenvolverem tais habilidades. É claro que essa prática doméstica também ajuda a desenvolver outras habilidades cruciais que geralmente estão associadas ao capital humano, como disciplina e foco. O resultado é que os herdeiros de famílias com ensino superior tornam-se mais competitivos nas atividades escolares e, como tal, tendem a progredir nos estudos.

Uma segunda fonte de transmissão intergeracional do capital humano é a genética. Pessoas com habilidades intelectuais biologicamente superiores tendem a transmitir esse patrimônio genético a seus herdeiros. Com maiores habilidades intelectuais biológicas, as pessoas tendem a se concentrar mais em seu aprimoramento e desenvolvimento, pois têm vantagens comparativas para isso. Supõe-se também que pessoas com habilidades intelectuais biológicas mais altas tendem a procurar parceiros com habilidades intelectuais também mais altas. Tal suposição assegura que diferenças sociais em habilidades intelectuais biológicas não tendem a desaparecer em uma sociedade.

A terceira fonte de transmissão intergeracional do capital humano é a tendência racional dos pais com mais qualificações a promoverem o envolvimento de seus herdeiros em atividades que tendem a fomentar ainda mais suas habilidades intelectuais. Eles escolhem melhores escolas e incentivam a escolha de jogos e brinquedos que melhorem o raciocínio. Tal comportamento também promove suas habilidades para desenvolver o capital humano e facilita sua aquisição. A consequência é também que esses herdeiros tendem a progredir mais na construção de capital humano.

As três fontes de transmissão intergeracional do capital humano têm características diferentes. A transmissão genética ocorre com quase nenhum esforço individual, enquanto as habilidades cognitivas transmitidas através do relacionamento diário simples também não exigem muito esforço, embora haja alguma necessidade de envolvimento pessoal. A terceira fonte, no entanto, envolve um esforço racional visando o capital humano dos herdeiros. No entanto, juntas, elas constroem uma forte relação de transmissão, que pode ser melhor compreendida através de um modelo simples de racionalidade dos pais, que é o objeto de análise a seguir.

Modelo que Mostra Lógica Racional de Transmissão Intergeracional de Capital Humano

Suponha que um consumidor representativo viva dois períodos. No primeiro ele trabalha e cria seu filho, cuidando de sua educação. No segundo período, o herdeiro trabalha enquanto o consumidor permanece vivo, mas aposentado. Portanto, quando esse consumidor toma decisões no primeiro período, ele considera os dois períodos e enfrenta uma função utilidade U do tipo Cobb-Douglas tal como:

$$U = C_1^{\sigma} C_2^{1-\sigma} \quad \textbf{(27)}$$

Na qual C_1 e C_2 são os consumos no primeiro e no segundo períodos, respectivamente, e $0 < \sigma < 1$ é um parâmetro. Esses dois consumos são medidos no único bem da economia. Esse consumidor não enfrenta qualquer restrição de crédito e pode gastar alguns recursos na construção do capital humano do seu descendente. Esses recursos são medidos em unidades do único bem da economia. Assim sendo, ele enfrenta uma restrição orçamentária que pode ser representada como:

$$C_1 + (1+r)^{-1}C_2 + E = Y_1 + (1+r)^{-1}Y_2 \quad \textbf{(28)}$$

Em que Y_1 e Y_2 são a renda líquida familiar no primeiro e no segundo períodos, respectivamente,[7] e r é a taxa de juros. A variável E é a despesa total em formação de capital humano pela família, também medida no único bem da economia. Esta é a fonte de transmissão de capital humano, que envolve esforço pessoal dos pais gastando recursos nisso. Vale ressaltar que $E \geq 0$.

Os rendimentos em ambos os períodos são determinados por um salário encontrado na economia, a quantidade de trabalho gasto e o capital humano do membro da família que trabalha nesse período, que é o pai no primeiro período e o herdeiro no segundo período. Portanto, essas rendas são definidas como:

$$Y_1 = wH_P L_P \qquad \textbf{(29)}$$

e

$$Y_2 = vwH_O L_O \qquad \textbf{(30)}$$

Em que w é o salário básico, $v=(1+g_w)$, g_w é a taxa de crescimento do salário entre gerações, H_P e H_O são o capital humano do pai e de seu descendente, respectivamente, e L_P e L_O são as quantidades de trabalho utilizadas. Como não há desutilidade do trabalho na função apresentada na equação (27), essas quantidades serão sempre iguais à oferta potencial total de cada período, de modo que L_P e L_O são determinadas de forma exógena.

Nesse modelo, o capital humano é medido como a capacidade produtiva do indivíduo. Portanto, o salário w é o mesmo para todos os trabalhadores, independentemente de suas habilidades. As rendas individuais diferem umas das outras pelo nível de capital humano individual, na forma em que ele é medido aqui. Por conseguinte, um

7 Esses rendimentos são líquidos de impostos governamentais. As famílias não os consideram como variáveis sob seu controle, nem os associam a investimentos públicos em capital humano, uma vez que estes são apenas uma pequena parte do total das despesas do governo.

trabalhador com o dobro da renda de outro tem o dobro de seu capital humano.

Enquanto o capital humano do pai H_P é determinado de forma exógena na decisão da família, pois foi decidido pela geração anterior, o capital humano do descendente H_O é determinado no modelo, a partir da maximização de utilidade da família. Ele é construído a partir do esforço familiar E, a partir da seguinte relação:

$$H_O = (E + \pi)^{\delta} H_P^{1-\delta} \quad \textbf{(31)}$$

Na qual π é a quantidade de recursos gastos pelo governo na educação de uma criança, δ é um parâmetro tal que 0<δ<1. A equação (31) indica que o capital humano da prole é construído pelos recursos investidos (E+π) e o capital humano do pai, que é H_P. Quando E aumenta, tudo mais sendo constante, a acumulação de capital humano também aumenta, mas em quantidade decrescente. Essa mesma lógica se aplica a H_P.

A inclusão de H_P na equação (31), com (1-δ)>0, incorpora as duas outras fontes de transmissão de capital humano intergeracional no modelo, que são a genética e as interações sociais, conforme discutido anteriormente. Como o outro mecanismo, investimentos, já foi introduzido na equação (28), com E>0 entre os gastos da família, esse modelo incorpora todos os três mecanismos introduzidos anteriormente e apresentados na literatura.

A substituição das equações (29), (30) e (31) na equação (28) gera:

$$wH_PL_P + (1+r)^{-1}vwL_OH_P^{1-\delta}(E+\pi)^{\delta} = C_1 + (1+r)^{-1}C_2 + E \quad \textbf{(28')}$$

O consumidor representativo racional maximizará a função de utilidade definida na equação (27), sujeita à restrição orçamentária que aparece na equação (28'). C_1, C_2 e E são as variáveis sob seu controle nesse problema. Para uma solução interna, entre outros resultados, tal procedimento implica que:

$$E = \left(v\frac{wL_O\delta}{1+r}\right)^{\frac{1}{1-\delta}} H_P - \pi \quad \textbf{(32)}$$

A partir de substituição desse resultado na equação (31) obtém-se:

$$H_O = \left(\frac{vwL_O\delta}{1+r}\right)^{\frac{\delta}{1-\delta}} H_P \quad \textbf{(31´)}$$

A equação (31´) implica que:

$$\frac{H_P}{H_O}\frac{\partial H_O}{\partial H_P} = 1 \quad \textbf{(33)}$$

Em palavras, essa equação diz que os pais mais instruídos criam herdeiros mais instruídos, pois há um esforço familiar para manter o estoque relativo de capital humano ao longo de gerações. Além disso, uma comparação entre quaisquer duas famílias produz a mesma proporção entre o capital humano dos pais e seus filhos. Ou matematicamente:

$$\frac{H_{O1}}{H_{O2}} = \frac{H_{P1}}{H_{P2}} \quad \textbf{(34)}$$

Isso significa que o capital humano tende a ser transmitido entre gerações, mantendo-se os estoques relativos de duas famílias quaisquer ao longo do tempo.

A equação (32), no entanto, também implica que essa relação será violada se o investimento público em educação, π, for tão alto que E, o gasto privado, deva ser não positivo. Como tais gastos não podem ser negativos, uma sociedade com essa situação para todos os membros acabaria tendo convergência de capital humano, já que os herdeiros não reproduziriam a proporção entre o capital humano de seus pais. Nesse caso:

$$\frac{H_P}{H_O}\frac{\partial H_O}{\partial H_P} = 1 - \delta < 1 \qquad \textbf{(33')}$$

E há convergência de capital humano entre as famílias.

A conclusão relevante, extraída desse modelo simples de acumulação racional de capital humano ao longo de gerações, é que se o investimento público em educação está abaixo de um determinado nível, os incentivos de mercado perpetuam as desigualdades na distribuição desse fator de produção entre as famílias. Indivíduos nascidos em famílias com o dobro do capital humano de outra tendem a ter essa mesma proporção de capital humano com relação aos descendentes dessa outra família. Somente se os investimentos públicos atingirem um determinado nível mínimo, essa relação não será mais verdadeira.

Uma conclusão adicional relevante pode ser extraída da equação (31'). Todas as variáveis e parâmetros que determinam a evolução do capital humano entre duas gerações tendem a ser iguais entre as regiões, se houver uma arbitragem completa nos mercados de fatores de produção. Portanto, é razoável supor que, quando não há políticas públicas para a educação, a taxa de crescimento do estoque de capital humano é bastante semelhante em diferentes regiões.

A equação (31') também indica que, quanto maiores as expectativas para a taxa de crescimento do salário entre gerações (v), maior será a taxa de crescimento intergeracional do capital humano. Assim, sociedades com maior mobilidade e, consequentemente, maior v, também aumentarão mais rapidamente seu estoque de capital humano.

Também é importante mencionar que E=0 é um equilíbrio para uma determinada família somente quando os gastos públicos em educação são tão altos que investimentos adicionais em educação por essa família não trazem nenhum ganho de utilidade. Além disso, a equação (32) implica que duas famílias, cujos pais possuem estoques diferentes de capital humano, H_p, terão diferentes requisitos para definir nível de E igual a zero, sendo todo o resto igual entre essas famílias. Pais com H_p mais alto demandarão um limite maior de π para que definam E=0. Portanto, quando os governos aumentam gradualmente os investimentos públicos per capita em educação, eles começam inicialmente a reduzir os investimentos em educação das famílias menos qualificadas, apenas atingindo esses gastos para as famílias das classes mais altas paulatinamente, quando vai elevando π.

Esses resultados, juntos, implicam que se duas regiões quaisquer possuem níveis médios diferentes de capital humano per capita, se não houver políticas públicas de educação suficientemente fortes, elas tenderão a reproduzir ao longo de gerações as desigualdades nesses estoques per capita de capital humano. Isso pode ser deduzido a partir das comparações entre pessoas que estão de lados opostos das fronteiras regionais. Cada par de indivíduos que se escolha aleatoriamente tenderá a reproduzir ao longo de gerações as diferenças existentes entre eles. Logo, essa mesma perpetuação das desigualdades também existirá entre as regiões.

CONCLUSÕES

Este capítulo apresenta um modelo que fundamenta uma das principais conclusões teóricas necessárias para explicar o atraso relativo do Nordeste. O modelo é uma simplificação óbvia da realidade com algumas suposições radicais, que são claramente irrealistas, como informações completas, inexistência de custos de transação e perfeita mobilidade dos fatores de produção. No entanto, ele ainda assim é tradicionalmente considerado na teoria econômica como uma aproximação suficientemente boa para gerar conclusões que refletem de perto as relações efetivamente encontradas na realidade.

As principais conclusões que emergem desse modelo para os desenvolvimentos deste livro são: (i) é possível ter arbitragem total em todos os mercados de fatores de produção e ainda assim haver diferenças entre rendas per capita regionais, diferente do que se obtém com modelos em que há apenas um bem na economia; (ii) se a economia atingir um equilíbrio com produção per capita desigual entre regiões, não há força endógena que aumente a convergência dessas rendas per capita se esse equilíbrio se estender também aos mercados de fatores de produção; (iii) em um mundo com as características do modelo apresentado antes, existem muitos equilíbrios possíveis, pois a ausência de custos de transação assegura que qualquer empresa, juntamente com todos os seus fornecedores de fatores de produção incorporados, possa migrar de uma região para outra e o novo equilíbrio será tão estável quanto o anterior. Esse movimento de empresas poderia alterar a produção relativa per capita entre as regiões, mas não afetaria a renda relativa dos muitos consumidores.

Para simplificar a exposição, assumiu-se que não havia poupança e investimento nesse modelo. É razoável pensar que se houvesse crescimento populacional e poupança, que seria igual ao investimento em equilíbrio, algumas empresas dessa economia estariam produzindo bens de capital. Esses bens de capital seriam incorporados à economia em novas empresas ou na expansão das atualmente existentes. Não há relação no modelo que determine a região em que as novas empresas se instalariam ou quais das existentes e de quais regiões se expandiriam. Evidentemente, a evolução da demanda teria um papel fundamental na determinação das empresas a serem contempladas e qualquer viés regional no destino dos investimentos, dada a distribuição espacial da população e suas características, incluindo a disponibilidade de capital humano. Se houver viés regional, poderá haver migração de fatores. Contudo, desequilíbrios de oferta e demanda de fatores de produção tenderão a gerar mudanças de preços relativos de fatores de produção dentro de cada região e com isso recompor a distribuição espacial das empresas e trazer a economia de volta a um novo equilíbrio. Nesse processo, certamente haverá migração, inclusive de fatores incorporados, mas isso deverá ocorrer na margem, principalmente quando se trata de regiões com população grande. Consequentemente, desbalanços gerados pela dinâmica e processos de reajustes a novos equilíbrios poderão alterar a renda per capita regional relativa, mas isso deverá ocorrer por movimentos pequenos. Os dados apresentados no Capítulo 4 mostram bem esses processos de ajustes em torno de equilíbrios que possuem pouca alteração na renda per capita relativa entre regiões ao longo do tempo.

Considerando-se o capital humano como o fator de produção incorporado cuja distribuição espacial tem um componente exógeno forte e que mais gera desequilíbrios regionais, a partir do que foi visto inclusive empiricamente nos Capítulos 2 e 3, incluiu-se também neste capítulo um segundo modelo que analisa a acumulação desse fator de produção ao longo do tempo. A conclusão obtida é que as desigualdades regionais existentes na distribuição per capita desse fator de produção entre regiões tende a se perpetuar no tempo caso não haja políticas públicas dedicadas a fomentar a acumulação desse fator. Esta conclusão ajuda a explicar por que houve tanta estabilidade nas desigualdades regionais no Brasil após 1939.

Capítulo 6

EXPLICANDO AS DESIGUALDADES REGIONAIS NO BRASIL

INTRODUÇÃO

Viu-se, nos Capítulos 2 e 3, que as desigualdades regionais no Brasil são explicadas principalmente pelas disparidades na disponibilidade de capital humano entre as regiões. Essas seriam as causas aparentes ou imediatas das desigualdades dentro dos conceitos apresentados na introdução, Seção 2. Essa explicação, em si, já pode orientar políticas públicas. Ela torna óbvio que a redução do *gap* de educação formal entre as regiões é necessária, tanto em quantidade como em qualidade. Só recentemente algumas políticas estão contribuindo de forma importante para essa redução e têm gerado queda nas desigualdades regionais, embora de forma lenta, como visto no Capítulo 4.

O Capítulo 5 mostrou que essa desigualdade pode persistir indefinidamente, não havendo relação intrínseca na economia que a reverta, seja no médio ou no longo prazo. Essas conclusões teóricas servem inclusive para explicar a evolução histórica das desigualdades regionais no Brasil e a razão de ela ser tão estável nos últimos 85 anos. Além disso, elas também mostraram que políticas públicas são necessárias se houver alguma razão para reduzir o *gap* de renda per capita entre as regiões brasileiras. Entretanto, não são políticas de desenvolvimento setorial ou de subsídio ao capital, como têm sido defendidas e, de certa forma, praticadas desde a segunda metade do século XX. Mas, sim, políticas que aceleram a oferta de educação às populações pobres das regiões menos desenvolvidas, tanto em maior quantidade como em melhor qualidade.

De forma simples, o que temos até então são três conclusões básicas. A primeira é que, caso se defina uma relação $Y=f(X_1, X_2, \dots X_n)$ em que Y é a proporção entre o PIB per capita do Nordeste e o das regiões mais desenvolvidas do país, X_i são variáveis explicativas e n é um número inteiro finito, tem-se que existe um X_h, que é a proporção de capital humano entre as duas regiões utilizadas na definição de Y, que é responsável por percentual elevado do valor de Y. Isso é verdadeiro, principalmente quando se considera que vários dos possíveis X_i são por si parcialmente definidos por X_h. Então X_h é a principal causa aparente do nível atual de Y. A segunda conclusão é que não existem forças de mercado que façam com que $\Delta Y_t=g(Y_{t-1})$, tal que g'>0, caso $Y_{t-1}<1$, em que ΔY_t é a variação de Y entre os períodos t e (t-1) e g' é a primeira derivada da função g(.). Ou seja, não há convergência de PIB per capita entre as regiões. Isso mostra que qualquer perspectiva de aumento de Y exige políticas públicas para tal. A terceira conclusão, obtida no Capítulo 4, é que Y variou no tempo e em algum momento Y>1. Mais particularmente, o último quarto do século XIX e a primeira metade do século XX foram os períodos em que as desigualdades regionais no Brasil se consolidaram.

Diante dessas conclusões, o que falta explicar é por que X_h, à proporção entre os estoques per capita de capital humano nas regiões analisadas, atingiu os níveis encontrados ao longo do século XX, após 1940. Essa questão será tratada neste capítulo. A ideia é relacionar o nível de capital humano nas regiões aos determinantes da evolução histórica, conforme discutidos na Seção 3.3 da introdução.

O capítulo está organizado como segue. A próxima seção resume os principais determinantes da evolução da história de acordo com a filosofia da história esboçada na introdução deste livro. A ideia é detalhar alguns pontos que são importantes para entender a formação das desigualdades regionais no Brasil. A Seção 3 apresenta alguns exercícios numéricos e inferências estatísticas que mostram como o grande determinante da formação das desigualdades regionais no país foi a grande imigração de europeus e japoneses. A Seção 4 analisa por que as imigrações dirigiram-se quase que apenas ao Sul e ao Sudeste, consolidando assim as desigualdades regionais sob a ótica dos determinantes da Seção 2. A Seção 5 discute por que o capital humano não evoluiu mais no Nordeste, enquanto a Seção 6 resume as principais conclusões e discute as diferenças da teoria aqui apresentada em relação às principais encontradas para explicar as desigualdades regionais no Brasil.

DETERMINANTES DA EVOLUÇÃO HISTÓRICA

A apresentação da filosofia da história, incluída na introdução deste livro, argumenta que a evolução da humanidade não possui um fim em si, que seria convergir para uma perfeição institucional absoluta, como defendida por Hegel, ou para uma sociedade em que não haja mais classes sociais e a generosidade e fraternidade venham a prevalecer, como defendido por Marx, tomando emprestado o modelo de céu aspirado pelos cristãos e introduzindo-o aqui na Terra. Além disso, a dinâmica da história não é motivada pela contradição entre a perfeição ideal absoluta e a realidade momentânea, como argumentado por Hegel, ou a contradição entre as classes sociais do modo de produção dominante, como defendido por Marx.

O instinto de sobrevivência animal, a racionalidade aguçada pela evolução da espécie e a aversão ao risco servem de lastro para as decisões sempre presentes nas vidas individuais entre cooperar e não cooperar com os seus semelhantes. Obviamente essa decisão inclui também com quem cooperar ou não cooperar a cada momento e em cada situação. A contradição permanente entre essas duas opções, em grandes agregados sociais, seria o motor da história.

Os seres humanos estão sempre decidindo em um ambiente com informações incompletas qual o melhor caminho, cooperar ou não cooperar com seus semelhantes ou, mais precisamente, com os diversos grupos de outros humanos. Se houver informação perfeita, os indivíduos cooperarão entre si na maioria das circunstâncias, até mesmo para estabelecer regras de solução de conflitos em circunstâncias nas quais os resultados possíveis envolvem rivalidade na apropriação dos benefícios. Ou seja, mais para um indivíduo ou conjunto deles representa menos para outro conjunto de indivíduos. Se alguém resolver não cooperar ou trapacear, sob informação perfeita, os demais saberão e se defenderão, gerando um resultado pior para todos, quando há repetição dos jogos com conflito.[1] O conhecimento pelo trapaceador potencial da reação dos demais o levará a cooperar, pois também saberá que sairá com um resultado pior caso não venha a cooperar. Ou seja, sob informação perfeita há tendência a um equilíbrio em que todos cooperam, apesar de isso não ser necessariamente verdadeiro.

Há grandes grupos sociais cuja postura cooperativa ou não cooperativa interna ou entre eles, em suas interações, se torna relevante para a história. A importância relativa dos diversos grupos varia ao longo da história. Cooperações entre tribos ou clãs foram relevantes em alguns momentos como principal motor da história. Mais recentemente, em economias capitalistas, o conceito genérico de classes sociais tornou-se importante.[2] Nos conceitos tradicionais de Marx e Darendorf eles são muito grandes. Por isso, em vários momentos, agrupamentos menores e a interação entre eles se tornam mais importantes como motor da história.

1 Essa solução é ainda mais provável diante da comprovada propensão à punição altruística que é identificada por vários estudos empíricos em Teoria dos Jogos. Ver, por exemplo, Fehr e Fischbacher (2003) e Dal Bó e Fréchette (2018).

2 Ver Darendorf (1959) para uma discussão mais ampla desse conceito.

A possibilidade e a não infrequente agregação cooperativa por classes sociais e a não cooperação entre classes sociais distintas levou Marx a perceber a existência de conflitos de classes. Entretanto, sob o predomínio do capitalismo, muitas vezes a cooperação se dá entre camponeses e trabalhadores urbanos, que seriam parte de modos de produção distintos, ou mesmo entre empresários e trabalhadores de um determinado setor contra competidores internacionais ou de outras regiões, o que estaria fora da lógica de Marx. Não é incomum a história de um país, em um determinado momento, se mover por conflitos entre segmentos empresariais distintos, como exportadores e produtores para o mercado interno, ou mesmo comerciantes e industriais. Daí a necessidade do conceito de hegemonia, introduzido na literatura marxista por Gramsci, para contemplar esses casos de cooperação e conflitos com grupos diferentes do que as classes sociais mais amplas.

Noções Básicas de Jogos Não Cooperativos e Seu Possível Papel na Dinâmica Histórica

Pode se iniciar a compreensão da propensão a cooperar ou não cooperar a partir de um dilema do prisioneiro simples. Suponha que dois indivíduos apenas se deparam com uma situação na qual eles podem cooperar ou não cooperar com o outro, mas não sabem de antemão qual será a estratégia seguida por esse último. Se um deles cooperar, terá resultado que vai depender da ação do outro. Se ambos cooperarem, terão resultado igual a B (bons). Se apenas um deles cooperar, enquanto o outro não coopera, o seu resultado será R (resiliente), enquanto o outro terá resultado G (Gerson). Se ambos não cooperarem, o resultado final para os dois será F ("não se deram bem"). Obviamente, por simplicidade, se supôs que os resultados obtidos por ambos os indivíduos são iguais quando na mesma situação, o que não é necessariamente verdadeiro.

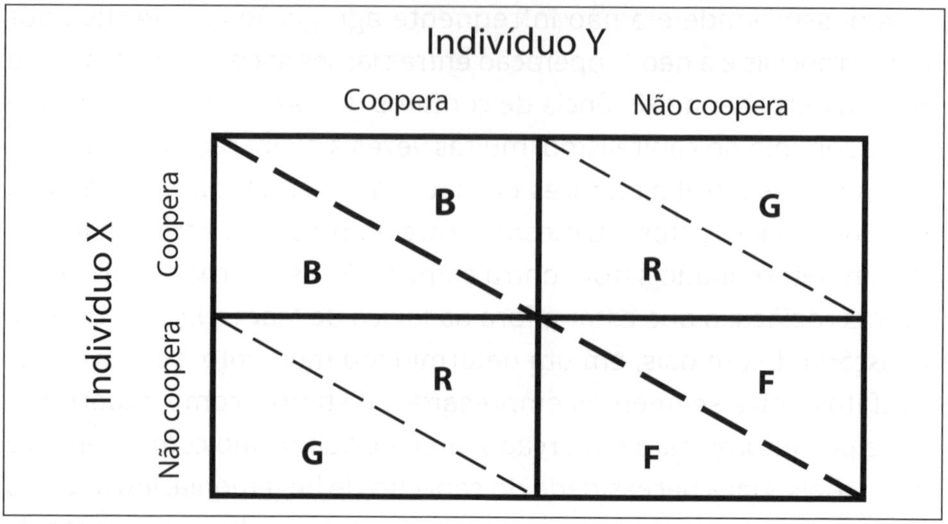

Para que esse seja um típico dilema do prisioneiro, é necessário que G>B>F>R. Ou seja, a situação em que o indivíduo se dá melhor é quando ele não coopera e o outro coopera. Entretanto, se ambos cooperarem entre si, terão resultados melhores do que se ambos não cooperarem. O pior resultado é obtido quando um indivíduo coopera e o outro não coopera. Quando o jogo é jogado apenas uma vez, se um indivíduo não sabe como o outro vai agir, a melhor estratégia é não cooperar e ambos terminam no equilíbrio (F,F). Esse é o equilíbrio de Nash nesse jogo sem repetição.

Mesmo que o jogo seja repetido várias vezes, porém, em um número de vezes que é de antemão conhecido por ambos, ainda assim a estratégia ótima é não cooperar. Porém, se o jogo for repetido por um número de vezes desconhecido dos jogadores, mesmo sendo ele finito, mas ainda assim suficientemente elevado, é possível encontrar estratégias que sejam melhores do que a de não cooperar. Estratégias em que se considera a possibilidade de retaliação e construção de reputação, quando entre duas rodadas com um mesmo indivíduo haja a possibilidade de haver outros jogos com terceiros, a estratégia ótima pode envolver vários momentos de cooperação.[3]

3 Ver Dal Bó e Fréchette (2018).

Vale salientar que as ideias desenvolvidas acima, sobre a probabilidade de cooperar em jogos repetidos, em sua maior parte, também podem ser aplicadas em jogos com estrutura ligeiramente diferente, em que o equilíbrio de Nash seja quando todos os indivíduos cooperam. Por exemplo, caso se suponha que B>G=F>R, o equilíbrio de Nash nesse caso será quando houver cooperação.[4] Entretanto, quando há repetição desse jogo com essa nova configuração, ainda assim pode haver momentos de não cooperação, se houver receio de que o outro jogador não vá cooperar.

A propensão à cooperação, contudo, é vista como um atributo da espécie humana. Há vários estudos empíricos que comprovam que o ser humano tende a cooperar mais do que seria racional.[5] No processo de evolução da espécie, o Homo sapiens teria desenvolvido a propensão a cooperar no seu processo de sobrevivência, criando o instinto inato de altruísmo. Inclusive, a sua organização em sociedade ganhou tal forma que os indivíduos se sujeitam a se sacrificar (ou perder) para penalizar aqueles que não cooperam. Ou seja, eles se dispõem a recorrer à chamada punição altruística para forçar comportamentos cooperativos em outros.[6]

Há, entretanto, alguns determinantes básicos da propensão de um indivíduo a cooperar com seus semelhantes em situações específicas na qual ele se depara com essa possibilidade. A primeira delas é a existência de desafios comuns, sejam eles relacionados a riscos ou potenciais benefícios comuns.[7] Quanto maior o número de desafios comuns e maior a importância deles para o bem-estar individual, maior será a propensão a cooperar, obviamente, dada a probabilidade de cooperação dos demais indivíduos. Por isso, os indivíduos tendem a se associar mais por classes sociais, segmentos sociais com interes-

4 Ver Acemoglu e Jackson (2015) para análise de situação em um jogo com essa característica.

5 Ver, por exemplo, Bowles e Gintis (2011).

6 Ver, por exemplo, Fehr e Fischbacher (2003).

7 Ver, por exemplo, Gneezy, Leibbrandt e List (2014).

ses comuns, local de residência etc. Essas semelhanças geram maior probabilidade de possuírem desafios comuns. Algumas vezes, tal propensão é atribuída à expectativa de reciprocidade futura com alta probabilidade de aparecer oportunidade para tal. Esses indivíduos, com os quais há mais convivência, tendem a ser participantes em jogos futuros com os indivíduos e eles esperam a cooperação deles em troca de cooperação hoje.

Um segundo determinante importante da disposição individual à cooperação é o conhecimento que o indivíduo dispõe dos demais potenciais participantes no universo de cooperação. Quanto maior for esse conhecimento, maior a propensão a cooperar de um indivíduo, obviamente, também nesse caso, dada a probabilidade de cooperação dos demais. Essa relação é óbvia quando se percebe que os indivíduos são avessos ao risco. Como decorrência desse fato, quando eles têm menos conhecimento sobre a credibilidade dos demais manterem a postura cooperativa, eles vão ser menos cooperativos para não se prejudicarem.

Dentro dessa mesma lógica, quanto maior a confiança que o indivíduo tem no outro, maior a probabilidade de ele cooperar com esse segundo. A confiança aumenta com o aumento do conhecimento, em realidades com informação imperfeita, mas também com a reputação que o indivíduo constrói ao longo de sua história.[8] Além disso, é importante destacar o papel da cumplicidade desenvolvida ao longo de várias interações sociais e a história de cooperação prévia na construção da confiança.

Vale destacar que o altruísmo não é uma categoria estanque, que o indivíduo tem ou não tem. É possível ter vários níveis de altruísmo. Um mesmo indivíduo normalmente revela níveis diferentes de altruísmo em ações que atinjam indivíduos diferentes. Conhecimento dos demais e alguma forma de identidade normalmente são determinantes

8 Ver Acemoglu e Jackson (2015) para desenvolvimentos que estão dentro dessa linha de argumento. Para o papel da reputação na probabilidade de cooperação, ver Mailath e Samuelson (2006)

importantes desses níveis de altruísmo. Quanto mais envolvidos pelas mesmas ficções que gerem identidades entre eles, maior o nível de altruísmo de um indivíduo com outros.[9]

A existência de normas e instituições que explicite a penalização pela não cooperação também é um determinante importante de cooperação em vários jogos da vida real. A perspectiva de penalização de outros, em si, já é um componente importante, mas a existência de instrumentos institucionais para tal é também um determinante importante em sociedades modernas. Nas suas ficções, o ser humano desenvolveu um instrumento poderoso de retaliação aos não cooperadores, que foi a religião. A perspectiva de retaliação divina é um determinante importante da propensão à cooperação em todas as sociedades. Por isso, inclusive, as religiões sempre surgem.

A associação de classe, particularmente, é uma consequência natural desses determinantes da cooperação discutidos acima, pois indivíduos com o mesmo papel no processo produtivo possuem maior propensão a cooperar entre si por terem alguns de seus objetivos comuns, especialmente quando há um opositor comum forte com interesses contraditórios. Assim, é mais fácil obter a cooperação entre trabalhadores de uma mesma empresa, que possuem maiores problemas comuns e interesses mais homogêneos, do que entre trabalhadores de empresas diferentes.[10] Da mesma forma, se o setor é comum, é mais fácil obter motivos para cooperar do que se os setores são diferentes, pois os interesses imediatos e o conhecimento dos problemas também se aproximam mais em um mesmo setor. Da mesma forma, é mais fácil trabalhadores de uma mesma cidade cooperarem do que aqueles residentes em cidades diferentes, pois a proximidade geográfica, e muitas vezes a sujeição à mesma estrutura institucional, também aumenta a quantidade de desafios comuns. Essa lógica foi o que levou Marx a identificar as classes e seus conflitos como unidades

9 Ver Fehr e Fischbacher (2003). Ficção aqui tem o sentido introduzido por Harari (2014).

10 Ver, por exemplo, Gneezy, Leibbrandt e List (2014).

homogêneas na definição das contradições que moviam a história. O conflito entre classes, que tendiam a ter maior cooperação dentro delas, levaria à definição das regras institucionais. Eventualmente, essas regras, tentando acomodar interesses conflituosos entre as classes sociais, levariam à inviabilidade desse modo de produção e à ascensão de outro, que teria relação diferente entre as classes sociais existentes nele e que por tal não seria podado pelas regras institucionais desenvolvidas para acomodar os conflitos de outro modo de produção.

A informação imperfeita, e a dificuldade de conhecimento profundo de qualquer realidade, faz com que os indivíduos utilizem muito de *proxies* para obter conclusões e definir proposições que guiam seus comportamentos.[11] Segundo a epistemologia, o ser humano possui alguns mecanismos de geração de conhecimento. São eles a experiência empírica, a dedução racional e a assimilação de proposições transmitidas por outros. Obviamente, esses mecanismos não são excludentes e geralmente são combinados entre si para gerar novas proposições ou conhecimento. A cada um deles, ele atribui um nível de probabilidade de que sejam verdadeiros. Nesse processo, eles consideram não só a força de cada uma de suas fontes, mas também são influenciados pelos seus interesses pessoais.

Por isso, em ambientes em que os indivíduos têm maior propensão a cooperar com outros, com os quais eles têm interesses comuns, a confiança aumenta quando há fluxo de informação e parte do que é considerado verdadeiro se agrega na formação de ideias coletivas homogêneas nesses grupos. A utilização de *proxies* no processo de conhecimento fortalece a união dentro dos grupos, mesmo que algumas vezes fundamentada em ideias errôneas, mas que se espalham em grupos homogêneos. O caso da identidade de raça em sociedades modernas é um caso típico. Cria-se discriminação (postura não cooperativa) contra grupos específicos por atributos que não definem

---

11 Ver Tirole (1996) para modelo que defende esse tipo de utilização de *proxies*, quando há informação imperfeita. Essa lógica é também a base de análise de Arrow (1998).

seu comportamento, mesmo que haja alguma similaridade entre indivíduos de uma mesma raça por causa de origens culturais comuns. Particularmente no Brasil, a postura cooperativa ou não cooperativa decorrente de identificação de raça foi comum em vários momentos de nossa história. Esse fenômeno influenciou as desigualdades regionais.

Consolidação das Desigualdades Regionais no Brasil: Dimensionamento Quantitativo do Problema

O Brasil chegou na segunda metade do século XIX com uma sociedade constituída de uma elite descendente principalmente de portugueses, mas que representava uma minoria da população. Estimativas utilizadas no Capítulo 4 apontam um PIB per capita nacional de cerca de 7,8% daquele verificado em 2013. Com esses números, 98,0% da população teria que viver com a renda per capita mínima necessária para se obter o Bolsa Família em 2016 (R$170,00 ao mês) para que uma elite de pouco menos de 2% da população pudesse viver com a renda per capita média brasileira de 2016 (R$30.369,57 ao ano). Em 1939, o PIB per capita havia crescido de forma que o tamanho da população pobre, vivendo com a renda per capita média igual ao limite para o Bolsa Família (R$170,00 por mês), havia caído para 73,3%. Se a elite fosse dividida em dois grupos, um teria a renda per capita média igual ao PIB per capita de 2016 e a outra parte, os europeus e japoneses, junto com seus descendentes, receberia a renda per capita igual ao PIB per capita médio de seus países de origem em 1939.[12]

Para um exercício simples, mas instrutivo, pode se supor inicialmente que em 1850 o PIB per capita era exatamente o mesmo no Nordeste e nas demais regiões do Brasil. Viu-se no Capítulo 4 que essas duas medidas eram muito próximas naquele ano. Entretanto, em 1939, o

12 Obviamente essa média é ponderada pela participação da nacionalidade na origem dos migrantes. Optou-se por usar o PIB per capita em vez da renda pessoal disponível bruta per capita porque a diferença entre as duas é pequena e os dados são meramente ilustrativos. A Tabela 6.1 traz esse valor, correspondendo ao dos novos-ricos em 1939.

PIB per capita médio do Nordeste já correspondia a apenas 48% da média nacional.[13] A Tabela 6.1 traz alguns dados desse exercício hipotético e incorpora essa hipótese, considerando-se o PIB per capita do Brasil naquele ano e as populações das duas regiões, Nordeste e o resto do Brasil. Ou seja, os PIBs per capita regionais e nacional são predefinidos, assim como as populações totais de cada uma delas e do país como um todo.

Para distribuir os PIBs apropriados para cada uma das categorias em 1850 e no Nordeste em 1939, considerou-se as hipóteses apresentadas acima. Um grupo, os pobres, se apropriaria de um PIB per capita igual ao valor necessário da renda per capita domiciliar para ingressar no programa Bolsa Família em 2016 (R$170,00 por mês ou R$2.040,00 ao ano). O outro, os ricos, teriam a renda igual ao PIB per capita do Brasil em 2016. Apesar de essas rendas serem arbitrárias, vale notar que elas apenas introduzem um corte arbitrário na população para chamar de ricos e pobres, se supusermos que há um contínuo de rendas individuais, de 0 a um número real muito grande. Quanto mais se reduzir a renda média dos pobres, mais se reduz o seu conjunto e mais se aumenta o dos ricos. Da mesma forma, quanto mais se aumentar a renda média dos ricos, mais se reduzirá o seu conjunto e se aumentará o dos pobres. Consequentemente, os valores escolhidos apenas servem para dar noção do tamanho das classes sociais, dados parâmetros de rendas atuais.

Na tabela, se introduziu no resto do Brasil uma nova classe social que se chamou de novos-ricos. Vale notar que a renda dos novos-ricos, ou imigrantes europeus e japoneses e seus descendentes, foi calculada como uma média ponderada das rendas per capita médias nos seus países de origem. Assim, sua arbitrariedade não define apenas uma quebra da população em categorias, pobres e ricos, como ocorreu em 1850. Caso essa renda seja reduzida, aumenta o número de ricos no resto do Brasil e não se altera o número no Nordeste, dada a suposição de equilíbrio geral de que todos os novos-ricos se dirigiram ao resto

13 De acordo com dados do IBGE.

do Brasil.[14] Consequentemente, o número de ricos no resto do Brasil aumenta, assim como cai o número de pobres.

Caso a renda dos imigrantes tenha sido 99,65% do valor calculado inicialmente e apresentado na Tabela 6.1, os ricos, no resto do Brasil, teriam aumentado entre 1850 e 1939, taxa semelhante à do Nordeste. Obviamente, os pobres nessa primeira região teriam aumentado mais por causa do aumento maior da população no resto do Brasil. Se a renda dos imigrantes tiver sido apenas 83,5% da postulada, a quantidade de pobres nas duas regiões terá aumentado na mesma proporção e obviamente o número de ricos no resto do Brasil terá aumentado muito mais do que no Nordeste.

Os números da simulação principal estão na Tabela 6.1. Aqueles em negrito correspondem a estimativas apresentadas no Capítulo 4. A população de imigrantes também foi utilizada naquele capítulo e em Barros (2016, cap. 6 e 2018).[15] Como as suposições de PIB per capita para cada uma das categorias foram arbitrariamente definidas, a divisão da população entre os dois grupos, pobres e ricos, é calculada para atingir o PIB per capita total em todos os três conjuntos espaciais, Brasil, Nordeste e resto do Brasil, conforme dito anteriormente.

---

14 Isso não é bem verdade, mas é uma boa aproximação, dado que um percentual muito pequeno dos novos imigrantes se estabeleceu no Nordeste. A imigração de europeus para o Nordeste será discutida em seções a seguir.

15 Considerou-se zero em 1850, apesar de as estimativas apresentarem já alguns imigrantes em 1850 (23.2679). Eles foram incorporados à elite naquele ano e suas rendas foram incluídas na renda per capita dos ricos. Os imigrantes de 1939 excluem esses poucos imigrantes já existentes em 1850. Para detalhes dos imigrantes incluídos, ver Barros (2016, cap. 6).

TABELA 6.1 RESULTADOS DE EXERCÍCIO HIPOTÉTICO

		PIB per capita (R$ 2016)		População	
		1850	**1939**	**1850**	**1939**
Brasil	Pobres	**2.040,00**	**2.040,00**	7.117.759	29.685.751,99
	Ricos	**30.369,57**	**30.369,57**	138.241	823.734,83
	Novos-ricos	**30.369,57**	**15.470,51**	**0**	**9.995.388,17**
	Total	**2.579,73**	**5.930,38**	**7.256.000**	**40.504.875**
Nordeste	Pobres	**2.040,00**	**2.040,00**	3.426.369	13.849.210
	Ricos	**30.369,57**	**30.369,57**	66.547	405.861
	Novos-ricos	0,00	0,00	**0,00**	**0,00**
	Total	**2.579,73**	**2.846,58**	**3.492.916**	**14.255.072**
Brasil menos o Nordeste	Pobres	**2.040,00**	**2.040,00**	3.691.390	15.836.542
	Ricos	**30.369,57**	**30.369,57**	71.694	417.873,59
	Novos-ricos	**-**	**15.470,51**	**0**	**9.995.388**
	Total	2.579,73	7.605,05	3.763.084	26.249.803

Fonte: Gerada pelo autor com base em dados do IBGE, Barros (2016, cap. 6) e Capítulo 4 deste livro, além de algumas suposições ad hoc.

O que esses números mostram é que os imigrantes podem ter sido a explicação para 100% das desigualdades regionais surgidas nesse período sob hipóteses razoáveis. Apesar disso, se eles não conseguiram reproduzir aqui no Brasil as rendas que poderiam ter nos seus países de origem, ou ter ocorrido muito viés de imigração para pessoas desqualificadas, é possível que tenha havido outras causas das desigualdades regionais que tenham feito com que o número de ricos no resto do Brasil tenha aumentado desproporcionalmente ao que se verificou no Nordeste. A hipótese de maior industrialização do Sudeste nesse período, defendida por Furtado (1959b), tem isso como uma de suas consequências.

A Tabela 6.2 traz a proporção de cada uma das classes sociais nas populações das regiões ou do país como um todo de acordo com a renda média almejada e expectativa de renda dos imigrantes apresentados na Tabela 6.1. Para que o resto do Brasil tivesse a mesma participação de 2,85% de ricos na população em 1939, a renda dos imigrantes deveria ser apenas 93,95% da postulada. Qualquer valor menor do que esse último aumentaria a participação dos ricos. Se for metade, aumenta essa participação de ricos para 12%. Ou seja, se a renda per capita dos imigrantes tiver sido menor do que 93,95% da esperada, a hipótese de crescimento da participação de ricos ganha força. Consequentemente, outras hipóteses como a de Furtado (1959b) podem ter um papel maior. Vale notar, contudo, que essa não é a única hipótese possível que justifica o crescimento da elite do resto do Brasil para uma participação na população acima daquela que se encontrou no Nordeste. Maior crescimento do capital humano dos segmentos mais ricos pode também justificar esse fenômeno e o recurso frequente das elites a escolas privadas para educar seus filhos ao longo do período indica que essa hipótese é bem razoável também.

TABELA 6.2 PROPORÇÃO (%) DAS CLASSES SOCIAIS EM CADA UMA DAS REGIÕES OU NO PAÍS EM 1850 E 1939, DE ACORDO COM RENDA MÉDIA E EXPECTATIVA DE RENDA DOS IMIGRANTES APRESENTADAS NA TABELA 6.1

		1850	1939
Brasil	Pobres	98,09	73,29
	Ricos	1,91	2,03
	Novos-ricos	-	24,68
	Total	100,00	100,00
Nordeste	Pobres	98,09	97,15
	Ricos	1,91	2,85
	Novos-ricos	-	-
	Total	100,00	100,00
BR-NE	Pobres	98,09	60,33
	Ricos	1,91	1,59
	Novos-ricos	-	38,08
	Total	100,00	100,00

Fonte: Calculado a partir dos dados da Tabela 6.1.

Os dados acima mostram que as imigrações europeia e japonesa, dentro da lógica teórica apresentada no Capítulo 5, podem ter tido um papel fundamental na geração das desigualdades regionais no Brasil. Nessa visão, a produção com os novos métodos, que estavam associados à indústria, se instalou principalmente no Sudeste e Sul, para onde houve maior imigração de europeus e japoneses. Eles tinham a qualificação que exigia e possibilitava essas novas tecnologias de produção. Mais disciplina, responsabilidade, disposição para o trabalho, abertura para novos métodos e processos, além de maior tendência a cooperar entre eles são alguns dos fatores de personalidades que eram mais apropriados entre os novos imigrantes para promover a industrialização. Por isso, a imigração discutida acima deve ter tido papel fundamental na determinação do desenvolvimento regional.

Uma Pequena Evidência Estatística do Papel da Imigração nas Desigualdades Regionais

Se a hipótese da importância da imigração europeia e japonesa tiver papel realmente relevante para explicar as desigualdades regionais no Brasil, seria de se esperar que o PIB per capita dos municípios fosse influenciado pela participação da população branca e amarela na população total. Obviamente, isso ocorre não porque essas raças tenham algum papel intrínseco para elevar o PIB de um município, mas apenas porque a sua participação na população funciona como uma *proxy* do quanto o município foi afetado pela imigração em questão.

De acordo com os desenvolvimentos teóricos dos capítulos anteriores, em última instância a participação dessas duas raças na população do município serve de *proxy* para o capital humano médio nele, seja esse último construído por educação formal de qualidade ou mesmo por herança doméstica, que em uma sociedade de pouca educação formal pode ser um determinante importante do capital humano individual. Assim, a relevância dessas participações das raças na população total para determinar o PIB per capita dos municípios é um teste do que se argumenta aqui, mesmo que seja apenas com a utilização de uma *proxy*. Vale lembrar que o papel do capital humano na composição das desigualdades regionais já foi bem documentado nos Capítulos 2 e 3.

Dessa forma, estimou-se a seguinte equação:

$$Y_i = \beta_0 + \beta_b P_{Bi} + \beta_a P_{Ai} + \beta_{dne} D_{NEi} + e_i \quad (1)$$

Em que Y_i é o logaritmo natural do PIB per capita do município i em 2010, P_{Bi} e P_{Ai} são as participações dos brancos e amarelos na população total dos municípios, de acordo com dados do censo demográfico do IBGE para aquele mesmo ano. D_{Nei} é uma variável *dummy* com valor igual a 1,0 se o município se situa no Nordeste, e a zero se estiver localizado em qualquer uma das demais regiões. Os diversos β_i são parâmetros, que se supôs serem constantes. Os e_i são erros aleatórios que se supôs com média zero e variância proporcional ao logaritmo natural da população.

Esse modelo foi estimado por mínimos quadrados generalizados com ponderação pelo logaritmo natural da população dos municípios. As estatísticas t-Student, ainda assim, foram calculadas sob a hipótese de que os erros podem ter variâncias diferentes entre eles e por isso introduziu-se a correção para heteroscedasticidade pelo método de Eicker e White. Utilizou-se dois conjuntos de municípios. No primeiro, apenas os municípios do Sul, Sudeste e Nordeste foram incluídos na amostra. No segundo, utilizaram-se dados para todos os municípios do país, obviamente em ambos os casos apenas para os municípios que dispunham de dados.

Os resultados das estimações aparecem na Tabela 6.3. Apresenta-se três modelos diferentes, cada um com duas opções de amostra, como mencionado acima, o que resulta seis modelos ao todo. Nos modelos I e IV incluíram-se todas as variáveis que aparecem na equação (1). Nos modelos II e V, por sua vez, a *dummy* regional foi excluída, enquanto nos modelos III e VI apenas as dummies regionais foram incluídas.

Os modelos completos, nas duas especificações de amostra, I e IV, levam claramente à conclusão de que a participação dos descendentes dos imigrantes europeus e japoneses nos diversos municípios têm um impacto positivo e significante na determinação do PIB per capita municipal em níveis normalmente utilizados de significância de coeficientes. Esses resultados dão suporte estatístico à hipótese do papel dos imigrantes nas desigualdades regionais. O mais curioso nesses modelos é que a *dummy* regional deixa de ser significante no modelo com amostra menor, ou aparece estatisticamente significante, mas com sinal invertido ao que se espera quando a amostra inclui municípios de todas as regiões. Vale notar que, mesmo não significante, o coeficiente para tal *dummy* também é positivo no modelo IV, que tem a amostra menor.[16] Os modelos II e V mostram que os resultados obtidos não estão sujeitos à inclusão da *dummy* regional, não sendo por esse motivo um artifício estatístico. Os modelos III e VI apenas mostram que sob a exclusão de outras variáveis mais importantes na explicação dos PIBs municipais, a *dummy* regional serve de *proxy* para essas variáveis omitidas.

16 Esses resultados estão em linha com aqueles do Capítulo 2 que indicam que após corrigir para capital humano, o PIB per capita no Nordeste parece ser superior ao das demais regiões, o que pode talvez ser explicado pelo excesso de políticas regionais praticado nos últimos anos no país.

TABELA 6.3 RESULTADOS DAS ESTIMAÇÕES DA EQUAÇÃO (1), SOB ESPECIFICAÇÕES E AMOSTRAS ALTERNATIVAS (VARIÁVEL DEPENDENTE: LOGARITMO NATURAL DO PIB PER CAPITA NO MUNICÍPIO EM 2010)

Variáveis independentes		Modelo I	Modelo II	Modelo III	Modelo IV	Modelo V	Modelo VI
Constante	Coeficiente	8,26873	8,28173	9,14983	8,13365	8,13454	9,13059
	t-Student	380,92276	391,41515	964,79638	353,72452	356,91157	865,96773
	p-value	0,00000	0,00000	0,00000	0,00000	0,00000	0,00000
Participação dos brancos na população municipal	Coeficiente	0,01755	0,01740		0,01906	0,01905	
	t-Student	57,68539	58,07825		59,24134	59,43650	
	p-value	0,00000	0,00000		0,00000	0,00000	
Participação dos amarelos na população municipal	Coeficiente	0,04251	0,04014		0,03301	0,03286	
	t-Student	4,31196	4,10541		3,27017	3,26055	
	p-value	0,00002	0,00004		0,00107	0,00111	
Dummy regional (Nordeste=1)	Coeficiente	0,00513		-0,00742	0,00091		-0,00780
	t-Student	3,98003		-5,11558	0,53219		-2,81794
	p-value	0,00007		0,00000	0,59459		0,00483
Amostra		5565	5565	5565	4650	4650	4650
R2		0,55956	0,55896	0,329114	0,58857	0,58865	0,30206

Fonte: Estimações próprias.

Nota: Todas as variáveis são para o ano de 2010. Todos os dados obtidos do site do IBGE são do censo de 2010 para populações e contas regionais para o PIB per capita.

Os resultados apresentados claramente dão suporte à hipótese de que as imigrações foram fator fundamental na determinação das desigualdades regionais no Brasil, pois elas explicam boa parte das diferenças de capital humano entre regiões, como foi argumentado. Obviamente, outros fatores, também relacionados às imigrações, foram fundamentais, como a disponibilidade pública de estrutura para ensino. As diferenças nesse aspecto já foram enfatizadas anteriormente. Nas seções a seguir tentar-se-á explicar por que essas diferenças surgiram e persistiram ao longo dos anos, pois as grandes imigrações perderam força ainda na década de 1940 e ainda hoje as desigualdades persistem de forma alarmante.

EXPLICANDO A ESTRUTURA ESPACIAL DA IMIGRAÇÃO

A grande imigração europeia não foi um fenômeno só para o Brasil. Muito pelo contrário. Entre os destinos importantes, o Brasil foi um dos que atraiu um menor percentual dessa população que deixou o continente europeu para buscar melhores oportunidades em outros cantos do mundo. Os Estados Unidos receberam 20,4 milhões de europeus entre 1870 e 1910, enquanto o Brasil recebeu apenas 2,6 milhões, a Argentina recebeu 3,5 milhões e o Canadá, 3,1 milhões, todos no mesmo período.[17] A Austrália e a Nova Zelândia também foram destinos importantes. Argentina, Brasil, Chile e Uruguai foram os destinos mais importantes na América Latina. Essa emigração atingiu não só os exportadores tradicionais de população, como o Reino Unido, França, Espanha e Portugal, mas também a Itália, os países nórdicos, a Alemanha, a Áustria e a Rússia. Estima-se que a Europa perdeu cerca de 17% de sua população nas grandes emigrações entre 1820 e 1900.[18]

17 Ver Balderas e Greenwood (2006).

18 Dados de emigração são de Hatton e Williamson (1998), enquanto dados de população são de Maddison (2011).

Nesse período, os imigrantes europeus que vieram para o Brasil tiveram dois destinos principais. O primeiro deles é composto por polos econômicos já consolidados, que incluíram o Rio de Janeiro, capital do Brasil na época e com população grande, e São Paulo, grande polo cafeicultor, em grande ebulição econômica na época e, por isso, com várias oportunidades de trabalho, inclusive com produtores e o governo estadual dispostos a financiar os custos da imigração. Vale salientar que a capital de São Paulo, onde obviamente não havia produção de café, foi um polo importante de atração de imigrantes europeus e japoneses. O segundo destino era composto de regiões ainda com populações escassas e, por tal, com capacidade de atrair novas populações. Interesses geopolíticos do governo central trouxeram muitos europeus para o Sul do país, pois além de conter regiões com baixa densidade demográfica, havia o interesse de povoamento para reduzir riscos de tomada de áreas pelos países vizinhos. A ocupação de áreas sem estrutura urbana próxima fez com que o governo central se comprometesse inclusive em prover escolas e outros serviços básicos às colônias estabelecidas no Brasil, principalmente no Sul, mas também em São Paulo.

A Figura 6.1 mostra a proporção percentual da necessidade de mão de obra da produção de café para os novos imigrantes e seus descendentes no Brasil. Ela evidencia que a produção cafeeira iniciou utilizando-se fortemente de outras fontes de mão de obra, com ênfase particular nos escravos, muitos trazidos do Nordeste, tal que a proporção acima teve média superior a 200% na década de 1850.[19] Essa proporção caiu bastante ao longo do período, com a expansão da produção cafeeira. Na década de 1890 ela atingiu uma média de 15,4%, e mesmo se retirarmos os inativos (crianças, idosos e parte das mulheres) do total (cerca de 50% da mão de obra), ainda assim percebe-se que nessa época, mesmo que a lavoura cafeeira empregasse apenas os novos imigrantes, ainda assim a maioria deles estaria empregada em outras atividades. Obviamente, essa realidade é ainda mais forte

19 Essas proporções foram calculadas com base em dados de Holloway (1972) e Bacha e Greenhill (1992).

quando se observa que parte substancial da mão de obra empregada nas lavouras não era de estrangeiros e seus descendentes diretos.

Apesar da associação forte entre crescimento da população de imigrantes europeus e japoneses e da produção de café entre 1850 e 1940, de fato, a imigração não se dirigiu apenas a regiões de produção de café. Vários municípios tiveram crescimento de suas populações por causa da atração de imigrantes sem que fossem produtores de café. A Tabela 6.4 de certa forma mostra esse fato. Vários municípios no Sul do Brasil, que se localizavam nos estados de Santa Catarina e Rio Grande do Sul, estados que não produziam café, tiveram crescimento populacional bem acima da média nacional, exatamente porque receberam muitos imigrantes. Os dados agregados para esses dois estados mostram que suas populações cresceram mais de duas vezes a média nacional, mesmo não produzindo ou com produção irrisória de café.

Tabela 6.4 Populações brasileiras em 1872 e 1940 em agrupamentos espaciais, calculadas a partir de regiões minimamente comparáveis do IBGE em 1872

	População		Taxa de variação (%) 1872-1940
	1872	1940	
Brasil	9.870.400	41.156.547	317,0
Rio Grande do Sul e Santa Catarina	594.615	4.499.029	657
São Paulo	826.988	7.180.316	768
Paraná	124.853	1.236.276	890
Nordeste	4.618.439	14.464.827	213

Fonte: IBGE, Censos.

Vários fatores definiram o destino espacial no Brasil das imigrações europeias e japonesas que se dirigiram ao país. A existência de oportunidades econômicas nas regiões dinâmicas no momento, propiciadas pelo ciclo do café, foi certamente um desses determinantes, inclusive para imigração para áreas urbanas, como as cidades do Rio de Janeiro e de São Paulo, que recebiam maior impacto desse dinamismo. A necessidade do governo central de povoar o Sul para proteger o território foi outro determinante importante. Entretanto, cabe perguntar por que outras áreas de baixo povoamento, como as áreas úmidas e de terras férteis no Maranhão e parte do Piauí e no Oeste e Sul baianos, não foram atraentes para os imigrantes. Mesmo onde havia produção de cana-de-açúcar, cacau, fumo e algodão no Nordeste a utilização de terras estendia-se por áreas muito inferiores à potencial e mesmo assim não houve atração de europeus e japoneses, como no Sudeste e Sul.

FIGURA 6.1: PROPORÇÃO DOS NOVOS IMIGRANTES PARA A NECESSIDADE DE MÃO DE OBRA DA PRODUÇÃO DE CAFÉ NO BRASIL, 1850-1940

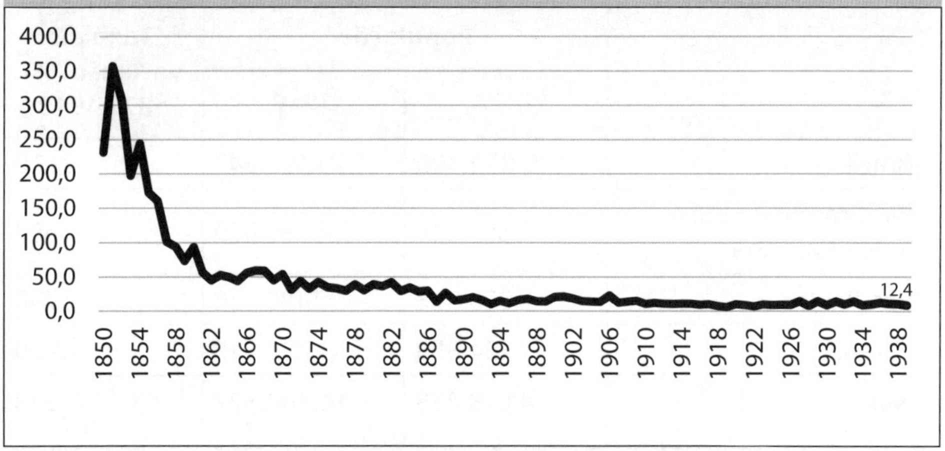

Fonte: Calculado com base em dados de Bacha e Greenhill (1992) e Holloway (1972).

Uma projeção simples a partir da produtividade da terra entre 1931 e 1939 no Nordeste, das exportações brasileiras desses quatro produtos desde 1821 (valor e quantidade), da proporção de participação do Nordeste na produção e das exportações na produção total no Brasil nesse mesmo período (1931 a 1939), além da população brasileira, permitiu a projeção da produção e do seu valor potencial nas terras não ocupadas no Nordeste com esses quatro produtos, tomando o potencial de terras como a média utilizada entre 1960 e 1969. A partir dos números gerados, percebe-se que essas áreas poderiam ter chegado a sustentar mais de 270 mil italianos com sua renda per capita igual ao PIB per capita existente naquele país na época.[20] Ou seja, considerando as áreas acima mencionadas, além das sobras em áreas já produtoras, é provável que o Nordeste pudesse ter recebido mais de um milhão de imigrantes no século XIX e início do século XX. Isso poderia ter reduzido bastante a diferença de PIB per capita da região para a média nacional.

Quando se argumenta que a migração europeia e japonesa no século XIX para o Nordeste foi pequena, não se quer dizer que ela não existiu. Há vários registros históricos de colônias estabelecidas em vários estados do Nordeste, incluindo alemães e italianos, mas também ingleses, espanhóis e belgas, além dos portugueses.[21] Os dados da Tabela 6.5 mostram a distribuição de estrangeiros nas regiões brasileiras em 1872, 1890 e 1900, respectivamente, de acordo com dados censitários. Como se vê, a imigração para o Nordeste não foi totalmente inexistente; apenas não teve o volume que atingiu no Sul e Sudeste.

---

20 Utilizou-se dados de Bolt, Inklaar, de Jong and van Zanden (2018), do Maddison Project e de Hills, Thomas and Dimsdale (2010) para identificar o PIB per capita italiano em libras da época. Os valores das exportações em libras foram obtidos do IBGE (1990), que serviram de base para gerar os preços das produções potenciais. O consumo per capita aparente de todas as mercadorias foi mantido constante antes de 1931, em valores médios do período 1931 a 1939.

21 Ver, por exemplo, Eisenberg (1972), Auler (1959) e Benedini (2013).

TABELA 6.5 PROPORÇÃO DE ESTRANGEIROS NA POPULAÇÃO DE ESTADOS SELECIONADOS EM 1872, 1890 E 1900

	1872			1890			1900		
	Estrangeiros			Estrangeiros			Estrangeiros		
	Homens	Mulheres	Total	Homens	Mulheres	Total	Homens	Mulheres	Total
Norte	2,19	0,43	2,62	1,23	0,31	1,54	0,80	0,31	1,11
Nordeste	0,72	0,38	1,09	0,34	0,19	0,53	0,60	0,40	1,00
Sudeste	4,55	1,88	6,43	2,90	1,45	4,35	7,47	4,86	12,33
Sul	5,47	2,89	8,36	1,97	1,25	3,22	6,87	5,27	12,14
Centro-Oeste	0,67	0,25	0,92	0,21	0,10	0,32	2,04	1,72	3,76

Fonte: IBGE. Censos demográficos.

Nota: As proporções de homens e mulheres estão em relação à população total, não de pessoas do mesmo sexo.

Determinantes da Frustração de Migração para o Nordeste

Diante dessa constatação óbvia de que o Nordeste brasileiro tinha potencial para atrair imigrantes europeus no final do século XIX e início do século XX em maior número do que de fato ocorreu, é crucial se entender por que isso não aconteceu e por que não houve mais investimentos em capital humano para a maioria da população. A filosofia da história apresentada na introdução deste livro, e um pouco mais detalhada na Seção 2 deste capítulo, pode explicar esse fenômeno. Inicia-se aqui pela análise da não imigração dentro dos padrões encontrados no Sul e no Sudeste.

Algumas experiências iniciais de imigração para estados do Nordeste geraram experiências perversas que afastaram a imigração dessa região. As elites locais, que controlavam os governos estaduais, também resolveram se incluir no projeto do governo central e definiram projetos de imigração europeia, mas sempre com menor intensidade do que aqueles impulsionados por São Paulo.[22] Participaram da instalação de algumas colônias de imigrantes, incluindo-se italianos e alemães. Mas elas não tiveram o desempenho necessário para ganhar a confiança dos potenciais imigrantes. Os resultados finais terminaram por ser pífios.

Em uma abordagem de dilema do prisioneiro, pode-se dizer que as elites locais tinham duas opções. Honrar os compromissos assumidos nas negociações para atrair os estrangeiros (cooperar) ou reduzir seus custos não cumprindo os compromissos assumidos inicialmente (não cooperar). No primeiro caso, estariam tendo custos com o suporte à imigração naqueles momentos em troca de perspectivas de desenvolvimento de médio e longo prazos, que eram percebidos por eles, já que avaliavam a mão de obra europeia como de muito melhor qualidade.[23] Tal custo existiria caso os potenciais imigrantes também

22 Ver Eisenberg (1972) para maiores detalhes do caso de Pernambuco, e Benedini (2013) para o caso da Bahia.

23 Ver Teixeira (2016) para uma discussão dos debates em torno do tema na época.

cooperassem e viessem para os estados nordestinos. Nesse caso, esses últimos teriam como benefício na sua cooperação o ganho de oportunidade de prosperar em um novo país. A opção de não cooperar das elites nordestinas, por sua vez, quando os potenciais imigrantes cooperassem (aderindo aos programas de imigração), implicava não ter tantos gastos, mas ainda assim ter benefícios iguais ou quase iguais aos do caso em que ambos os participantes do jogo cooperassem. Os potenciais imigrantes por sua vez não teriam as condições de vida que imaginavam, e a oportunidade de prosperar seria adquirida a um custo inicial mais elevado. Quando ambos não cooperassem, não haveria a materialização da imigração.

Experiências iniciais de imigração (cooperação dos potenciais imigrantes) não contaram com a cooperação das elites locais (não honraram os compromissos assumidos e jogaram os imigrantes em um nível de ganho mais baixo, muitas vezes com valor presente de suas utilidades futuras inferior ao que teriam caso não migrassem. A partir de tal conduta, as elites locais jogaram o equilíbrio subsequente do jogo para a não cooperação dos potenciais imigrantes. O resultado foi um equilíbrio de Nash com menor imigração do que a potencial. Isso condenou a região a não se beneficiar dos ganhos de capital humano decorrentes das imigrações e de todas as suas consequências para o desenvolvimento futuro da região.

Além disso, o fato de as elites locais não conseguirem atrair europeus, a pouca imigração limitou os ganhos que eram decorrentes da cooperação entre os próprios imigrantes. A existência de um grande número deles facilitaria o acesso a oportunidades profissionais e segurança no desalento, além de dar maior força em possíveis necessidades de reivindicações dos seus direitos contratados. Vale salientar que, nesse contexto, as grandes ondas imigratórias para qualquer região específica no Brasil, e mesmo para outros países das Américas, geralmente estavam associadas a poucas regiões europeias geradoras de emigrantes, exatamente por causa dessa maior segurança de cooperação de seus compatriotas com cultura e origens semelhantes. O número reduzido de imigrantes para o Nordeste também levou à inclusão dos europeus nos frequentes conflitos sociais junto aos trabalhadores locais. Isso limitou a capacidade de diferenciação deles pelas elites locais que se relacionavam com esses imigrantes. Isso impulsionou ainda mais a não cooperação do lado delas, dificultando ainda mais a imigração.

No século XIX, o Nordeste já era dominado por sociedades razoavelmente estabelecidas e com alguma maturidade. As estruturas de poder e relações entre os diversos agentes e grupos sociais estavam bem definidas e as regras de cooperação e punições pela não cooperação também estavam bem estruturadas e sedimentadas. Existia um equilíbrio, embora ineficiente, que definia vencedores e perdedores, em suas intensidades relativas. As regras do jogo estavam bem assimiladas pelos participantes, com as instituições políticas, sociais e econômicas definidas e controladas pela elite econômica produtiva e uma elite estatal, que vivia com privilégios gerados a partir do poder sobre a máquina pública.

Qualquer introdução de novos grupos sociais poderia abalar esse equilíbrio e os agentes econômicos locais eram capazes de perceber isso. Eles já sentiam essa possibilidade na sua relação com o governo central, em que perdiam poder constantemente com a ascensão de novos participantes no cenário nacional, como ocorreu com a ascensão do poder dos próprios cafeicultores paulistas. Essas perdas os oneravam com pagamentos de impostos que não lhes geravam retornos perceptíveis, mas apenas para outros grupos sociais, como a burocracia estatal de outros estados e do governo central. Isso tornava-os avessos a essas mudanças. Por isso, as elites nordestinas não se empolgaram com a possibilidade de absorção de imigrantes europeus ou japoneses nos espaços que estavam sob seu controle, mesmo que com baixa ocupação humana, como era o caso do Maranhão e Piauí. Por isso, a contribuição para o esforço de promoção da imigração em nível estadual foi pequena, como dito anteriormente. Em todos os estados eles definiram que a imigração europeia deveria ser bem-vinda, mas não deveria ser financiada com recursos dos governos estaduais, como ocorria em São Paulo.

No equilíbrio existente, as elites econômicas locais e a alta burocracia estatal tinham situação privilegiada. Contavam com uma estrutura social que era formada principalmente por camponeses e habitantes pobres das periferias urbanas. Os primeiros ocupavam áreas menos produtivas da região, situadas nas franjas das produções com destino comercial mais forte, sejam elas algodão, cana-de-açúcar, cacau, fumo ou qualquer outro dos produtos de maior escala comercial da região. Os segundos moravam nos subúrbios das cidades, com acesso a pouquíssimos ou nenhum serviço público, assim como os primeiros, os habitantes das áreas rurais. Por consequência, a vida dessas classes sociais trazia quase ou nenhum ônus às elites locais.

Em contrapartida, esses dois segmentos sociais, camponeses e pobreza urbana, traziam ganhos para o bem-estar das elites locais, pois ofertavam mão de obra barata para serviços eventuais ou permanentes. Como grande parte dessa população sobrevivia a partir de suas próprias atividades econômicas, como a exploração da agropecuária em pequena escala ou a oferta de serviços e comércio também em pequenas unidades produtivas, ela consistia em uma fonte permanente de mão de obra em momentos de expansão das atividades produtivas das elites locais e gerava pouca responsabilidade e custo com ela.

Essa população era formada principalmente de descendentes de ex-escravos negros e índios, além de portugueses, mas principalmente a partir de relações extraconjugais. Por suas origens, não possuía muita identidade cultural com as elites locais de forma que criasse elos mais fortes de compromisso desses últimos com o bem-estar dos primeiros. Por isso, os pobres locais não fomentavam muito altruísmo e postura cooperativa das elites com eles. Como consequência, os primeiros não eram incorporados aos serviços públicos, o acesso a escolas públicas entre eles. Em alguns momentos, contudo, esse acesso era até ofertado com vistas a reduzir tensões localizadas, mas nesse caso geralmente com qualidade muito comprometida. O baixo nível educacional dessa população restringia a capacidade de cobrança de qualidade dos serviços públicos, dentro da lógica do segundo modelo apresentado no Capítulo 5.

Nos serviços de saúde, por sua vez, multiplicavam-se práticas culturais dos índios e africanos no seio dessa população pobre. Curandeiros, parteiras, bênçãos e vários outros artifícios da medicina africana e indígena, como larga utilização de ervas medicinais, reproduziam-se entre os pobres locais. Essas práticas reduziam a percepção de exclusão dos serviços de saúde com as tecnologias disponíveis na época. Por consequência, os custos com saúde pública dessa população também eram bastante baixos, o que não ocorreria com imigrantes europeus.

Essa população pobre eventualmente representava uma ameaça ao domínio das elites nas inúmeras revoltas que ocorreram na região nessa época, quando punham em questão a ordem institucional vigente. Entretanto, na maior parte do tempo, representava fonte permanente de mão de obra para satisfazer necessidades momentâneas de expansão econômica, custava pouco às elites e não punha em questão a estrutura de poder e a ordem social vigente. Por isso a convivência com ela era relativamente fácil e proveitosa para aqueles que dominavam o poder estatal.

Em tal ambiente econômico, incorrer no ônus necessário para trazer novos imigrantes para o Nordeste não fazia muito sentido econômico. Eles demandavam mais serviços públicos nas áreas de educação, saúde e infraestrutura urbana do que a população local, pois vinham de países em que os acessos a esses serviços eram mais elevados.[24] Além disso, demandavam remuneração mais elevada do que a população local, pois tinham padrão de vida mais alto e obtinham propostas em seus países de origem que prometiam maiores salários. Eles também não supririam nenhuma necessidade imediata de mão de obra, pois essa já existia na região entre os locais, na forma descrita acima. Por isso, restrição de mão de obra não era um impeditivo para a expansão das atividades econômicas. Adicionalmente, os imigrantes poderiam pôr em xeque um equilíbrio existente que era confortável para as

24 O governo central brasileiro se comprometia com esse tipo de serviço básico na sua estratégia para atrair os potenciais imigrantes europeus. Por isso, inclusive, houve multiplicação das escolas no Sul e no interior de São Paulo na época das grandes imigrações.

elites. Por isso, poucos projetos de importação de imigrantes foram buscados no Nordeste e sempre com pouco apetite das elites locais.

No Sul e Sudeste a situação era diferente. Havia também grandes áreas com baixa densidade populacional, mas não havia o contingente de mão de obra camponesa e pobre urbana que pudesse servir de mão de obra para novas expansões econômicas nos espaços econômicos em que as novas elites atuavam. Havia mão de obra com características semelhantes àquela do Nordeste no Rio de Janeiro e em Minas Gerais, mas não em São Paulo, onde o café prosperava mais. Além disso, havia um processo de reestruturação das elites locais, em que os novos segmentos delas ainda não detinham o poder social muito consolidado, mesmo em nível local, pois havia mudanças de poder relativo dos agentes econômicos na nova expansão em torno do café. Esse fato impunha menor compromisso das novas elites econômicas com as instituições políticas, sociais e econômicas e os tradicionais aliados das elites na burocracia pública.

Como consequência, havia uma percepção pelas novas elites de ganhos com mais acesso à mão de obra e menor percepção de ameaça a uma ordem institucional vigente em que não se viam diretamente e fortemente representadas. A associação da burocracia estatal ainda era mais forte com as velhas elites locais, associadas ao governo central instalado no Rio de Janeiro, mas que estava perdendo o poder em São Paulo, paulatinamente. Assim, houve menor esforço para proteger as instituições e as novas elites estavam mais aptas a tomar riscos de restruturação social. Rompeu-se um elo cooperativo importante entre burocracia e elites locais na proteção da ordem institucional vigente e os imigrantes passaram a ser bem-vindos, como potencial solução para alguns problemas. Os cafeicultores, então, enxergavam mais ganhos e menos perdas na cooperação efetiva, diferentemente do que ocorreu no Nordeste. Por isso, eles investiram tanto na atração de imigrantes e cooperaram mais no jogo com os potenciais imigrantes. A sua ascensão ao poder estatal, ou pelo menos sua influência crescente, fez com que eles se envolvessem ainda mais como cofinanciadores das imigrações.

Quando as elites cafelcultoras se apropriaram do poder público em São Paulo e do nacional, o volume de imigrantes no Sul e Sudeste já eram elevados. Por consequência, a teia social de proteção para novos imigrantes já estava montada e com isso o risco da imigração era mais baixo do que onde essas teias não existiam. Por isso, o maior conservadorismo das elites após sua instalação mais consolidada no poder público não reverteu imediatamente o fluxo imigratório. Ele persistiu até os anos 1930.

Enfim, as diferenças na estrutura de poder nas duas regiões levaram a um apoio social à imigração completamente diferente, além dos repetidos casos de frustrações no Nordeste, que foram maiores do que no Sul e Sudeste e por isso reduziu a postura cooperativa dos imigrantes, que passaram a evitar o Nordeste. Apesar de ter havido muitas frustrações no Sul e Sudeste também, elas foram em menor escala e os casos de sucesso foram mais frequentes, pois o ambiente social pressionava para maior cooperação. Essa diferença levou à maior imigração para o Sul e o Sudeste. Tal diferença de comportamento mudou a história das desigualdades regionais no Brasil.

POR QUE O CAPITAL HUMANO NÃO EVOLUIU MAIS NO NORDESTE

A maior parte das classes sociais mais pobres no Nordeste tinha muito pouco capital humano desde sua origem. Seus membros eram principalmente descendentes de ex-escravos africanos e índios. O componente europeu, nesse segmento social, advinha principalmente de relações extraconjugais, nas quais homens brancos, descendentes de europeus, geravam filhos em africanas, índias e suas descendentes. Em uma sociedade essencialmente patriarcal e machista, filhos eram responsabilidade das mães.[25] Por isso, a maioria dos etnicamente

25 Freyre (1933) traz uma boa análise dessas relações entre sexos na sociedade patriarcal do Nordeste.

descendentes de europeus nesses segmentos sociais eram criados dentro dos padrões ideológicos e culturais dos africanos e índios. Por isso, o nível de transmissão de capital humano entre gerações a partir das famílias reproduzia um nível baixo de educação para esses segmentos sociais, de acordo com a lógica apresentada no Capítulo 5.

Sabe-se que a educação em escolas está sujeita ao custo decrescente de escala. O custo marginal de um aluno é sempre muito baixo quando se compara ao custo médio. No caso específico das classes sociais pobres do Nordeste da época, mesmo com um bom nível de cooperação para atingir custos médios baixos, ainda assim eles seriam elevados para o nível de renda desses indivíduos e a percepção de retorno era baixa, já que a maior parte deles só tinha tido educação com nenhum ou pouco acesso a escolas. Por isso, o equilíbrio do investimento em educação com recursos próprios das famílias era próximo de zero.

No caso das elites, por sua vez, um nível razoável de cooperação justificava o investimento das famílias em educação privada, dentro de uma racionalidade econômica. Pois tinham renda mais elevada do que os pobres e possuíam também níveis escolares dos pais acima do que poderia ser adquirido somente no âmbito doméstico. Pela racionalidade do modelo do Capítulo 5, esses segmentos então frequentavam escolas privadas. Elas de fato existiam em várias cidades, desde que o tamanho das elites justificasse essa cooperação entre elas para a educação dos filhos.

Em segmentos com custos decrescentes de escala, como em educação, é razoável que haja investimento público para prover esses serviços à sociedade. Entretanto, se a renda for excessivamente concentrada e os indivíduos de maior renda controlarem o estado, é razoável que eles prefiram pagar menos impostos e proverem a educação de seus filhos privadamente do que pagar mais impostos e seus filhos, assim como os dos segmentos pobres, terem acesso a escolas públicas. Eles perceberão que o custo individual, mas em estruturas servindo um contingente muito grande de estudantes, mesmo com custos decrescentes de escala, é muito superior ao que teriam que incorrer para educar seus filhos em escolas privadas. Por isso preferiam essas últimas. Somente uma estratégia de ajuda aos mais pobres poderia justificar eles ingressarem em tal empreitada de financiar escolas públicas com recursos públicos, que seriam tributados principalmente sobre eles. Esse espírito de cooperação com os mais pobres não existia no Nordeste, mesmo após as elites perceberem que haveria ganhos de longo prazo para os seus segmentos com o maior desenvolvimento de toda a região e do país. Não havia identificação social que elevasse o altruísmo suficientemente para isso.

Além disso, a demanda por educação pública era baixa nas classes sociais mais pobres, pois elas tendem a ser alinhadas com a própria educação dos pais, como argumentado no Capítulo 5. Assim, somente onde a demanda por educação pública era mais elevada havia uma política de cessão de recursos das elites para a educação pública. Isso ocorria mais onde as classes sociais mais pobres tinham maior nível de educação e pressionavam mais para obter acesso a escolas públicas. Isso ocorria mais no Sul e Sudeste, onde a imigração elevou bastante a educação básica de segmentos sociais mais pobres. A tese de doutorado de Vinícius de Bragança Müller e Oliveira[26] bem documenta essas diferenças em gastos em educação no final do século XIX e início do século XX, comparando-os em Pernambuco, São Paulo e Rio Grande do Sul. As conclusões mostram que esses comentários realmente resultaram nos resultados concretos esperados.

Essa lógica fez com que a evolução da educação da população pobre do Nordeste não atingisse proporção que compensasse o aumento médio de capital humano devido à maior imigração no Sudeste e no Sul. Mesmo as classes pobres do Sul e Sudeste, que tinham origem social semelhante à do Nordeste ou eram emigrantes nordestinos para essas regiões, se beneficiavam mais de educação pública nessas duas regiões por causa da melhor oferta de escolas públicas, criadas em resposta à demanda dos imigrantes europeus.[27] Dessa forma,

26 Oliveira (2014).

27 Ver Oliveira (2014).

gerou-se um grande desequilíbrio na disponibilidade média de capital humano entre o Nordeste de um lado e o Sul e o Sudeste de outro. A partir das escolas, as desigualdades regionais em estoque per capita de capital humano perpetuou-se entre gerações.

Os dados sobre matrículas no ensino primário e secundário, como proporção da população em anos selecionados, bem documentam essa propensão à menor escolaridade no Nordeste, quando se compara ao Sul e ao Sudeste. As Figuras 6.2 a 6.6 trazem as estatísticas relevantes para os anos de 1872, ainda muito no início da grande migração europeia e japonesa, 1907, momento em que as disparidades regionais se aprofundavam rapidamente, e 1937, período em que elas já voltavam a se estabilizar, com o Nordeste ficando bem para trás. Elas mostram as diferenças em investimento em educação na formação das novas gerações. Vale lembrar que os processos geradores dessas desigualdades em educação mencionados anteriormente também geravam grandes disparidades na qualidade da educação entre regiões, mas infelizmente não há dados disponíveis para confirmar essa hipótese.

FIGURA 6.2: PROPORÇÃO (%) DE MATRÍCULAS NO ENSINO PRIMÁRIO DA POPULAÇÃO DAS REGIÕES: 1872

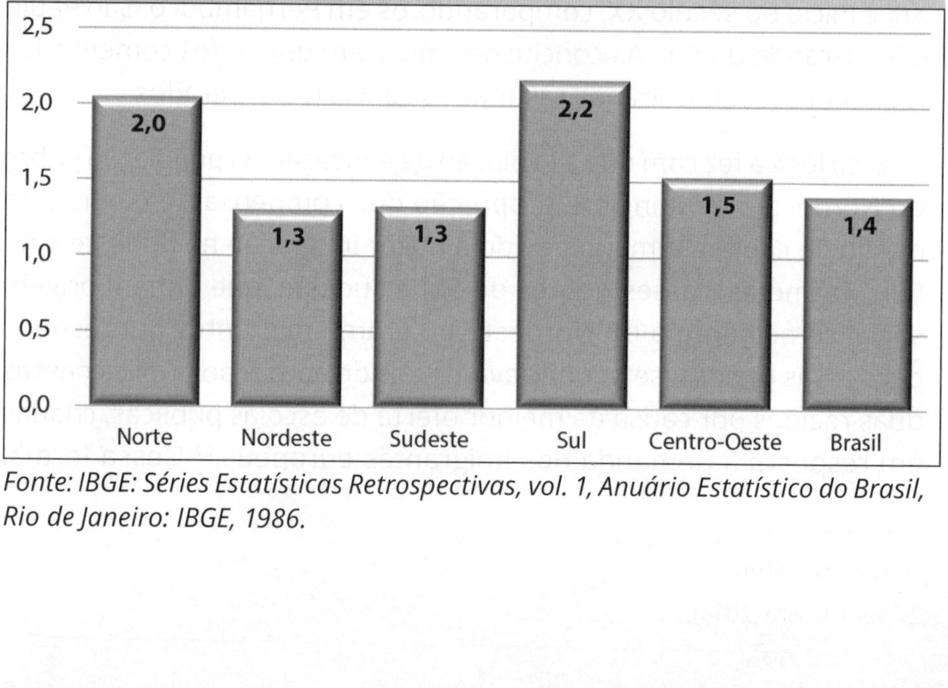

Fonte: IBGE: Séries Estatísticas Retrospectivas, vol. 1, Anuário Estatístico do Brasil, Rio de Janeiro: IBGE, 1986.

Figura 6.3: Proporção (%) de matrículas no ensino primário da população das regiões: 1907

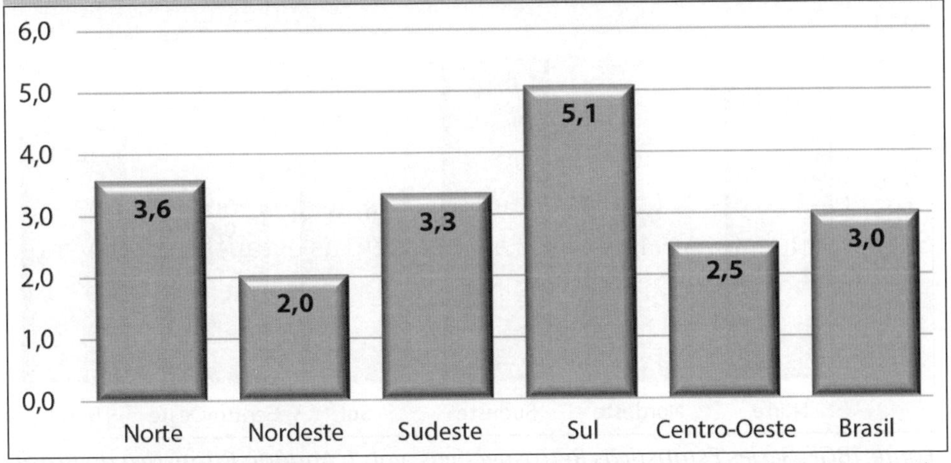

Fonte: IBGE: Séries Estatísticas Retrospectivas, vol. 1, Anuário Estatístico do Brasil, Rio de Janeiro: IBGE, 1986.

Figura 6.4: Proporção (%) de matrículas no ensino primário da população das regiões: 1937

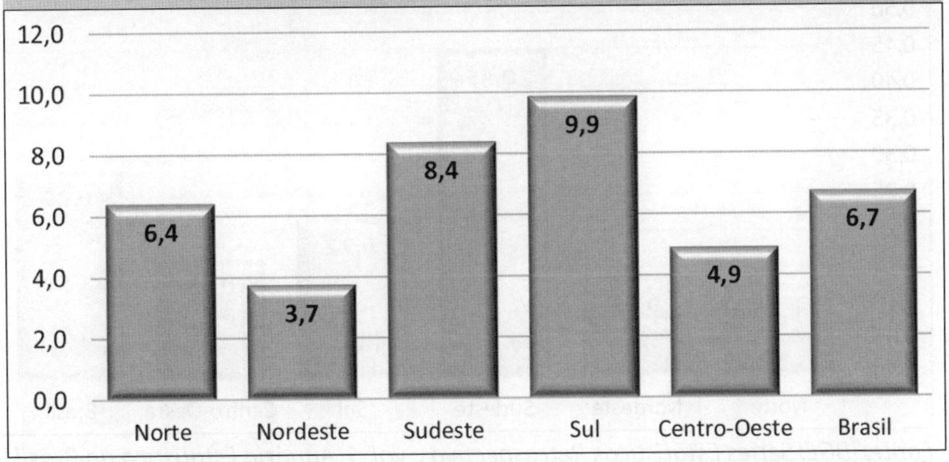

Fonte: IBGE: Séries Estatísticas Retrospectivas, vol. 1, Anuário Estatístico do Brasil, Rio de Janeiro: IBGE, 1986.

FIGURA 6.5: PROPORÇÃO (%) DE MATRÍCULAS NO ENSINO SECUNDÁRIO DA POPULAÇÃO DAS REGIÕES: 1907

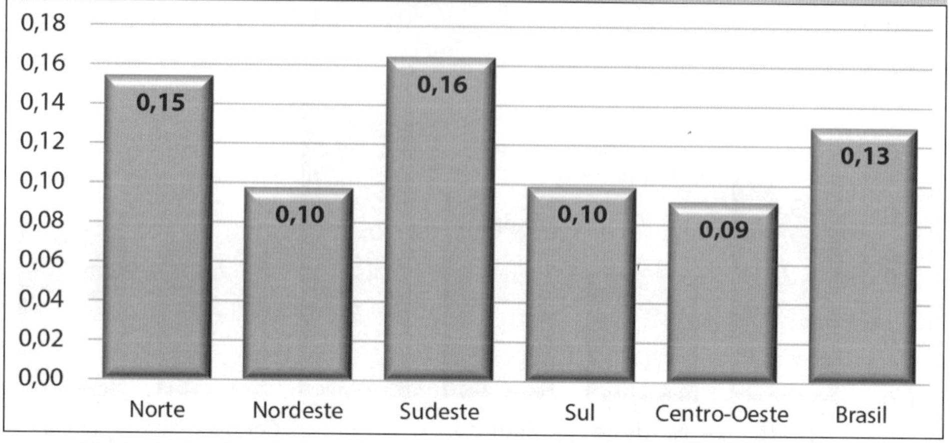

Fonte: IBGE: Séries Estatísticas Retrospectivas, vol. 1, Anuário Estatístico do Brasil, Rio de Janeiro: IBGE, 1986.

FIGURA 6.6: PROPORÇÃO (%) DE MATRÍCULAS NO ENSINO SECUNDÁRIO DA POPULAÇÃO DAS REGIÕES: 1937

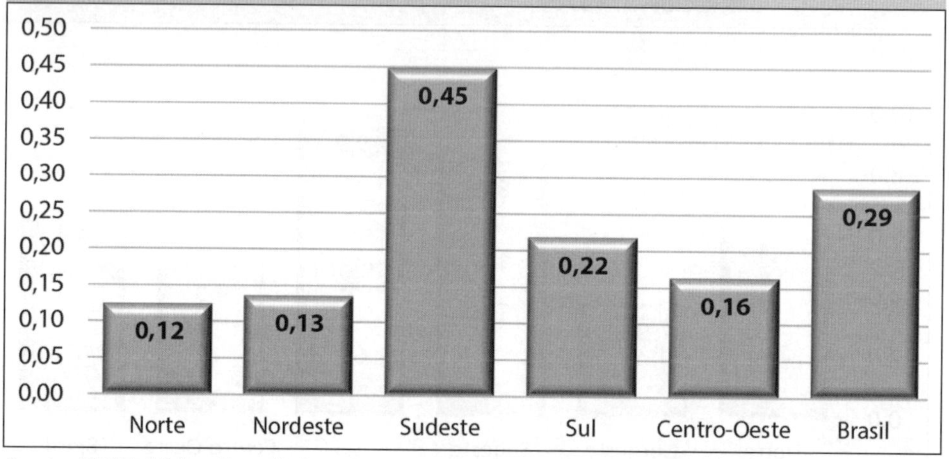

Fonte: IBGE: Séries Estatísticas Retrospectivas, vol. 1, Anuário Estatístico do Brasil, Rio de Janeiro: IBGE, 1986.

CONCLUSÕES

A imigração de europeus e japoneses, que se concentraram principalmente no Sul e Sudeste do Brasil, foi o principal motor da exacerbação das desigualdades regionais no Brasil na segunda metade do século XIX e primeira do século XX. Foi visto que, com o maior capital humano que possuíam, a renda que poderiam agregar nas regiões para as quais se dirigiram fez a diferença no equilíbrio regional e poderia explicar inclusive 100% das desigualdades regionais que se estabilizaram. Além disso, eles mudaram a percepção da importância de capital humano e com isso elevaram a acumulação deste no Sul e no Sudeste. Nesse contexto, a maior industrialização dessas regiões nessa época seria apenas uma consequência desse fato. A industrialização nada mais seria do que um desenvolvimento natural no processo de aplicação de mais capital humano no processo de agregação de valor em uma sociedade no momento de desenvolvimento tecnológico em que a humanidade se encontrava na época. A explicação de Celso Furtado passa a ser consequência, e não causa, do surgimento das desigualdades regionais, como enfatizado por Barros (2011b).

A imigração de europeus e japoneses para o Nordeste não ocorreu nem de perto na escala que se verificou no Sul e Sudeste, apesar de ter havido algumas experiências de atração desses imigrantes para a região, principalmente para Pernambuco e Bahia. Além disso, os imigrantes para a região foram principalmente portugueses, que possuíam um nível de capital humano menor do que os originários do norte europeu. Apesar disso, também vieram para o Nordeste imigrantes ingleses, franceses, alemães, italianos, poloneses, entre outros. Mas sempre em quantidades bem menores do que se dirigiram para o Sul e Sudeste, principalmente como proporção das populações locais.

Não houve interesse das elites locais, que não se dispuseram a fazer os investimentos necessários para atrair imigração europeia em grande escala. Percebiam os riscos de uma reacomodação política perversa, além de não perceberem a escassez de mão de obra como as elites do Sul e Sudeste. Não havia segmentos sociais que pudessem se beneficiar da imigração e que tivessem menos compromisso com a acomodação política vigente e que, por tal, pudessem forçar a imigração. Como consequência, o incentivo oferecido foi mais baixo do que no Sul e Sudeste e mesmo assim as elites assumiram uma postura menos cooperativa, efetivamente cumprindo menos do que o contratado na atração dos imigrantes. Como consequência, rompeu-se a confiança e os potenciais imigrantes não se dirigiram mais para a região.

Nesse contexto, as causas da não imigração para o Nordeste mudam em relação àquelas apresentadas na literatura, que são principalmente: (i) o clima inadequado; (ii) a inexistência de disponibilidade de terras em extensões apropriadas; (iii) a falta de demanda por mão de obra decorrente do menor crescimento relativo da economia exportadora local e da já existente disponibilidade de mão de obra na região para satisfazer essa demanda.[28] Neste livro, a causa passa a ser a postura menos cooperativa das elites locais, que teriam que patrocinar a imigração para atrair número elevado de europeus e japoneses. Além disso, também teve papel fundamental a desconfiança dos imigrantes por causa da reputação das elites nordestinas de não cumprimento do que teria sido acordado antes da imigração em várias experiências prévias. Esses dois fatores levaram a um equilíbrio na imigração que foi pior para os dois lados. Perderam os imigrantes a oportunidade de ter mais um destino possível e as elites por terem trazido uma fonte importante de diversificação de suas economias locais e consequentemente maior perspectiva de crescimento econômico.

Contra as causas anteriormente apontadas na literatura pode-se lembrar a existência de climas inadequados em regiões americanas (Sudoeste, por exemplo) e na Austrália, que mesmo assim atraíram mão de obra europeia. Além disso, o Nordeste dispunha de regiões de altitude que possuíam, e possuem até hoje, climas agradáveis e que na época possuíam muitas terras disponíveis, como é o caso do

---

28 Ver Eisenberg (1972).

Agreste Pernambucano e da Chapada Diamantina na Bahia. Além disso, regiões com boa disponibilidade de chuvas no Maranhão e Piauí, além do Oeste baiano, também eram aptas para a agricultura. Ou seja, o clima não era o problema.

Foi visto que havia disponibilidade de terras não utilizadas pela agricultura comercial da época, que poderia sustentar mais de um milhão de europeus com uma renda per capita semelhante à que se encontrava na Itália no mesmo período, quando somada a terras disponíveis nas regiões de clima ameno que foram mencionadas acima. Ou seja, escassez de terras também não foi o problema para atrair imigrantes para o Nordeste.

A ideia de falta de demanda por mão de obra supõe que a produção não podia ser expandida. Em primeiro lugar, o Nordeste atuava em setores agrícolas que eram internacionalmente competitivos e, por tal, poderiam ter absorvido uma produção muitas vezes superior na região à que se verificou na realidade. Também vale lembrar que boa parte da mão de obra em São Paulo e Sul não se dirigiu para a produção de café, mas dedicou-se à produção de subsistência e atividades artesanais, que serviram de germe para o início da industrialização brasileira. Ou seja, a substituição de importações poderia ter sido uma atividade a ser desenvolvida na região, como ocorreu no Sul e no Sudeste. Consequentemente, a ideia de falta de demanda surge apenas porque as outras duas anteriores são fracas e algo mais convincente era necessário para explicar o fenômeno analisado. A emenda não foi muito convincente.

A hipótese aqui é que os imigrantes europeus não conseguiram arregimentar uma postura cooperativa dos que compunham o poder local de forma a gerar o apoio necessário às suas vindas e a segurança de que haveria respeito ao que foi contratado. As elites locais percebiam menos ganhos e mais perdas do que os patrocinadores da imigração no Sul e no Sudeste. Como consequência, o resultado foi uma imigração bem mais modesta no Nordeste e que por consequência comprometeu o equilíbrio regional no Brasil. Esse equilíbrio ineficiente tende a se reproduzir no tempo por causa das reputações criadas. Assim, no Sudeste, mesmo após as elites cafeeiras tomarem o controle do estado, as experiências prévias de imigrantes e elites eram tal que o apoio à imigração continuou. No Sul os imigrantes ganharam mais poder logo, dada a fragilidade das elites locais, e com isso continuaram a apoiar a imigração. Ou seja, as inércias mantiveram o desequilíbrio regional.

A formação de capital humano, a partir do maior acesso pela população local a escolas, esbarrou em uma baixa identidade cultural entre as classes dominantes e as classes mais pobres no Nordeste. As diferenças étnicas e culturais, em uma sociedade na qual os pobres tinham renda muito baixa, restringiram o financiamento de educação por altruísmo das elites. A reprodução intergeracional de baixo nível de capital humano, quando a decisão pelo investimento necessário para a ruptura do baixo padrão educacional ficava a cargo dos segmentos pobres, fez com que houvesse maior estagnação no estoque per capita desse fator de produção no Nordeste. Os imigrantes no Sul e no Sudeste provocaram maior investimento per capita em estruturas públicas de educação, que beneficiou inclusive as demais classes sociais pobres dessas regiões.

CONCLUSÕES

INTRODUÇÃO

O presente livro visou refinar um pouco mais a hipótese para explicar as desigualdades regionais no Brasil, anteriormente no livro *Desigualdades Regionais no Brasil*, também escrito por mim. Além disso, ele trouxe novos argumentos e evidências empíricas em suporte da hipótese previamente apresentada. Vale salientar, contudo, que todo o argumento utilizou uma filosofia da história diferente da anterior. Por isso, a hipótese apresentada aqui, na verdade, apesar de ter muitos componentes semelhantes à anterior, possui uma estrutura nova, podendo, de certa forma, se dizer que é uma outra hipótese.

Ao longo das próximas páginas, resumir-se-á as principais conclusões obtidas ao longo dos capítulos anteriores, criando uma separação clara entre aquelas que podem ser vistas como causas aparentes ou imediatas e as que podem ser consideradas como causas fundamentais das desigualdades regionais no Brasil. Toda a ênfase na análise conduzida nos capítulos anteriores e que é resumida aqui tem como foco explicar o atraso relativo do Nordeste em relação ao Sul e ao Sudeste, pois este consiste no principal problema regional no Brasil.

Nesta conclusão, apresenta-se também de forma resumida as diferenças das explicações apresentadas ao longo deste livro para as principais hipóteses alternativas encontradas na literatura acadêmica. Pela sua relevância nos meios educados do Brasil e do Nordeste, deu-se destaque especial à hipótese de Celso Furtado, que foi apresentada no livro *Operação Nordeste*[1], que é a mesma do documento final do Grupo de Trabalho para o Desenvolvimento do Nordeste (GTDN).[2] Também se discute com um pouco de detalhe as diferenças em relação à hipótese apresentada em Barros (2011b), sendo a deste livro apenas um refinamento daquela, mas com estrutura diferente, como já enfatizado.

Esta conclusão está organizada como segue. Na próxima seção apresenta-se um resumo das principais conclusões obtidas ao longo do livro, enquanto a Seção 3 discute um pouco o que a hipótese aqui apresentada traz de diferente em relação às hipóteses anteriores. A Seção 4 discute o que mudou em relação ao que foi defendido no livro anterior.[3] Por fim, a Seção 5 traz alguns comentários adicionais e discute algumas consequências das hipóteses aqui apresentadas para políticas econômicas de desenvolvimento regional.

RESUMO DAS PRINCIPAIS CONCLUSÕES DOS CAPÍTULOS ANTERIORES

Ao longo deste livro, várias conclusões foram obtidas. A primeira, e mais óbvia delas, é que as desigualdades regionais no Brasil, quando são definidas a partir da comparações entre PIBs per capita, existem e são fortes, inclusive para padrões internacionais. O Nordeste é a região mais pobre do país e o Sul e o Sudeste são as mais ricas. A inclusão do Distrito Federal, no Centro-Oeste, sendo ele a unidade da federação de maior PIB per capita, gera um destaque especial para essa região, mas o restante dela não tem o mesmo nível de desenvolvimento. Daí o Sul e o Sudeste serem, de fato, as regiões mais desenvolvidas do país.

1 Furtado (1959a).

2 GTDN (1959).

3 Barros (2011b).

Essa desigualdade regional, quando se compara o Nordeste ao Sul e ao Sudeste, consolidou-se no último quarto do século XIX e primeiro do século XX. Até então, havia maior equilíbrio regional, mesmo o Rio de Janeiro sendo já o mais importante polo urbano do país desde o ciclo do ouro, que se desenvolveu ao longo do século XVIII. O Sul do país era, até então, pouco povoado, assim como o Centro-Oeste e o Norte. O PIB per capita do Nordeste e do Sudeste eram muito próximos em meados do século XIX, apesar de o Sudeste talvez já ter tido maior PIB per capita antes disso, quando a Coroa Portuguesa se instalou no Brasil (1808). As diferenças, porém, eram ainda pequenas quando se compara às que se atingiu em 1939.

Desde 1939, as desigualdades regionais têm sido estáveis, apesar de terem flutuado bastante ao longo de todo esse período. Em alguns momentos ela se exacerbou, enquanto em outros foi atenuada. Mais recentemente há uma tendência à sua lenta redução, que não parece ser cíclica como em algumas ocorrências anteriores, pois se baseia em maior equilíbrio em investimentos em capital humano, que foi identificado como um fator de produção importante na geração do desequilíbrio entre PIBs per capita regionais em decomposição dos seus componentes.

A partir desses resultados, buscou-se uma análise estatística mais detalhada para identificar os determinantes das desigualdades regionais, e não mais seus componentes apenas. Nesse caso, os estudos estatísticos dos Capítulos 2 e 3 mostraram que o estoque de capital humano per capita é o principal determinante das desigualdades regionais no Brasil. Além disso, mostrou-se também que dois indivíduos com os mesmos atributos produtivos, mas vivendo em regiões diferentes, têm expectativa de rendas bem semelhantes, quando se corrige para custos de vida nas regiões. Ou seja, o mercado de trabalho no Brasil é bem arbitrado espacialmente. Isso deve ocorrer não só por migração de mão de obra, mas sobretudo por definição de preços relativos dos diversos bens e serviços, especializações produtivas regionais e migração de capital.

Como há toda uma literatura sobre convergência de PIB per capita entre regiões, recorreu-se a um desenvolvimento teórico, a partir de uma economia com muitos bens e serviços produzidos e vários fatores de produção. Nesse modelo, mostrou-se que as forças de mercado conduzem para um equilíbrio estável com desigualdades regionais, sem nenhuma propensão para convergência entre PIBs per capita. Esse resultado é bem diferente do que se conclui a partir de modelos com apenas um bem na economia e sem migração de fatores de produção, como os utilizados na literatura de crescimento econômico para demonstrar teoricamente que há convergência de PIB per capita.

Além disso, mostrou-se que em modelo com muitos bens e várias regiões, as especializações produtivas se conformam com a disponibilidade de fatores de produção nas diversas regiões. Mas haveria um fator de produção móvel que poderia ser fixo de maneira exógena para que a economia pudesse ter um equilíbrio. Por razões sociais não diretamente ligadas apenas à alocação de recursos, argumentou-se que o capital humano seria esse fator com distribuição espacial exógena ou com maior lentidão a responder aos desequilíbrios espaciais. Diante dessa conclusão, mostrou-se também que nas diversas regiões, se não houver políticas públicas, as disparidades de disponibilidade per capita média de capital humano tende a se reproduzir ao longo do tempo. Ou seja, as desigualdades regionais tendem a persistir se não houver políticas adequadas para reverter as diferenças em disponibilidade de capital humano per capita. Daí ter que se analisar historicamente por que o Nordeste ficou com um estoque de capital humano per capita menor do que o Sul e o Sudeste para que houvesse desigualdades regionais tão fortes e estáveis desde 1939.

Causas Imediatas das Desigualdades Regionais

Todas essas análises teóricas e empíricas mostram que as desigualdades regionais no Brasil têm como causa imediata ou aparente as disparidades nas disponibilidades médias de capital humano per capita. Ou seja, há um estoque menor de capital humano per capita no Nordeste do que no Sul e no Sudeste. Os estudos empíricos dos Capítulos 2 e 3 mostraram que dois indivíduos com os mesmos atributos produtivos tendem a receber exatamente a mesma renda, independente da região em que estão sedimentados. O capital humano deles é o principal determinante de suas rendas relativas. Isso significa que as desigualdades regionais existem porque há mais indivíduos com menos capital humano nas regiões mais pobres.

Esses resultados indicam que não há discriminação regional no sentido técnico da palavra. Ou seja, um indivíduo hipotético, se escolher viver em uma região mais pobre, não terá renda menor simplesmente por causa de sua escolha de fixação espacial. Sendo os seus atributos produtivos dados, ele terá exatamente a mesma expectativa de renda, instale-se em que região ele escolher. As desigualdades regionais, nesse contexto, existem apenas porque há concentração maior de indivíduos com mais capital humano residindo nas regiões mais ricas. Essa distribuição assimétrica não é consequência da riqueza relativa das regiões. Ao contrário, ela é seu determinante. As especializações produtivas regionais e as tecnologias mais competitivas para a produção dos bens e serviços não comercializáveis é que se adaptam à disponibilidade de capital humano, não o estoque desse último às especializações e tecnologias que foram definidas para cada região.

O estoque individual de capital humano atualmente é, principalmente, determinado pela educação formal, mas também é muito influenciado pelas relações domésticas e de aprendizado no trabalho. Quando as diferenças surgiram, contudo, as escolas tinham papel menor do que hoje e o ambiente doméstico era relativamente mais importante. Mais recentemente, pelo menos desde 1930, a própria determinação da qualidade e da quantidade de serviços ofertados pelas escolas em cada região é feita a partir das demandas sociais, as quais têm no estoque de capital humano das gerações adultas seu principal determinante. Ou seja, a própria disponibilidade espacial de serviços escolares é determinada pelo estoque de capital humano e, por isso, tende a reproduzir as desigualdades regionais ao longo do tempo.

As grandes imigrações de europeus e japoneses para o Brasil, entre 1870 e 1939, com alta concentração de sedimentação desses novos habitantes no Sul e Sudeste, estão no centro da consolidação das desigualdades regionais. Elas induziram a exacerbação das disparidades em estoque médio de capital humano no período em que as desigualdades regionais se acentuaram. Os imigrantes europeus e japoneses que vieram para o Brasil se concentraram principalmente no Sul e Sudeste. Isso teria elevado o capital humano naquelas regiões a níveis bem superiores aos que a simples acumulação endógena teria gerado. No entanto, essa foi ainda uma causa imediata do surgimento das diferenças em estoque médio de capital humano. Ela não consiste na causa fundamental das desigualdades regionais em estoque médio de capital humano e de renda.

Causas Fundamentais

A causa fundamental do menor desenvolvimento do Nordeste em relação ao Sul e ao Sudeste foi identificada neste livro como sendo as particularidades das articulações entre diversos segmentos sociais nas diversas regiões do país. No Nordeste, os donos do poder barraram a imigração de europeus em larga escala e o fomento à educação da maioria da população que já compunha a sociedade nordestina no final do século XIX. Tal postura atrasou a acumulação de capital humano na região, quando se compara ao que se verificou no Sul e no Sudeste.

A hipótese deste livro é que incentivos e mais facilidade à cooperação entre indivíduos que fazem parte de segmentos e classes sociais faz com que estes sejam os primeiros níveis de agregação social, após família e proximidade de trabalho, que têm importância social para definir a dinâmica econômica de países e regiões. Essas agregações se dão pela existência de ganhos claros advindos da cooperação, ao mesmo tempo em que define de forma mais clara conflitos de interesses entre segmentos e classes sociais. Após esses níveis iniciais de agregação de indivíduos, define-se, a partir dos conflitos e interesses comuns nos grupos sociais, as instituições, sejam elas formais ou informais (normas, cultura, etc). A partir delas, a sociedade define suas regras para formação de capital humano.

Dentro dessa visão, a relação entre as classes sociais no Nordeste do Brasil, com o poder das elites bem sedimentado e implicando substancial controle do estado, teve duas consequências perversas para a formação de capital humano na região: (i) reduziu a imigração de europeus e japoneses, mais qualificados do que a média da população local, não disponibilizando terras e apoio dos setores públicos locais para atrair imigrantes, mesmo havendo terras disponíveis para recebê-los; (ii) definiu estrutura de formação de capital humano bem deficitária para a maior parte dos habitantes da região, fechando-se a elite em escolas privadas, inacessíveis para a maioria, e ofertando ensino público de qualidade e quantidade bem aquém do que ocorria no Sul e no Sudeste.

Dessa forma, a lógica dos conflitos entre classes sociais na determinação de instituições no Nordeste levou à baixa formação de capital humano que, por sua vez, gerou o atraso relativo da economia local. No Sudeste, a ascensão de uma nova elite social forçou a promoção da imigração e melhor estrutura de formação intelectual para segmentos bem mais amplos da população, enquanto no Nordeste os incentivos das elites consolidadas levaram à postura completamente diferente. Vale lembrar que a postura das elites do Sudeste quanto à imigração também foi bem menos agressiva do que a das elites americanas. Por isso o Sul e o Sudeste também ficaram bem atrás dos EUA na atração de europeus e japoneses.

A falta de identidade cultural entre as elites locais no Nordeste e os diversos grupos sociais das classes mais pobres fez com que não houvesse investimento altruístico em educação pública. A concentração de renda era tal que seria mais atraente para as elites recorrer a escolas privadas para suas novas gerações, pois escolas públicas sairiam mais caras para eles. Somados esses dois fatos, o investimento em educação pública para a maioria da população foi muito baixo e o atraso relativo da região também foi acentuado por esse problema.

No Sul e no Sudeste, os imigrantes e os compromissos assumidos com eles asseguravam que houvesse mais escolas públicas e de melhor qualidade. Com isso, a construção interna de capital humano também contribuiu para a elevação das disparidades regionais.

O QUE MUDA EM RELAÇÃO ÀS EXPLICAÇÕES TRADICIONAIS

Celso Furtado utilizou os instrumentos teóricos existentes de sua época para explicar o atraso relativo do Nordeste em relação ao Centro-Sul, na sua linguagem. As teorias heterodoxas estruturalistas consistiam na mais importante fonte de explicação para o atraso relativo do Brasil na sua época. Perdas de excedentes que poderiam ser dedicados ao investimento interno foi a base do seu argumento, sejam elas por deterioração dos termos de troca ou imitação pelas elites locais de hábitos de consumo existentes em países desenvolvidos. Além disso, a falta de escala por haver mercado local menor não levou à industrialização na região, semelhante ao que foi possível no Sudeste. Como consequência, houve menor crescimento da produtividade, pois esse setor incorporava processos mais acelerados de desenvolvimento tecnológico, segundo Furtado (1959 a e b). Esse fenômeno também não gerou expansão dos excedentes disponíveis para investimentos no Nordeste no ritmo que fez no Sudeste. Isso também restringiu o desenvolvimento relativo da região.

Pode-se dizer que a causa aparente do atraso relativo do Nordeste segundo Celso Furtado foi a fragilidade da industrialização local. A causa fundamental seriam as relações comerciais internacionais, em que a economia brasileira se posicionava como periferia exportadora de bens primários. Isso fazia com que a distribuição espacial do mercado interno brasileiro fosse definida pelos fluxos comerciais internacionais das diversas regiões e as consequentes demandas relativas por mercadorias nacionais vindas do centro (países desenvolvidos). Por consequências das condições internacionais de disponibilidade tecnológica, a industrialização no Brasil só ocorreu quando havia expansão produtiva no Sudeste, conforme no ciclo do café. Por isso foi lá que ela foi mais intensa. Isso definiu o desenvolvimento relativo das regiões.

A visão apresentada aqui difere da de Furtado (1959a) por várias razões. Em primeiro lugar, ela inverte a relação entre industrialização e formação de capital humano. Enquanto Furtado defende que a industrialização promove a demanda por capital humano, e este é gerado na sociedade para atender a tais demandas, advogou-se aqui a relação inversa. Dada a disponibilidade de capital humano, definem-se as vantagens comparativas locais. Se a industrialização elevar a eficiência na utilização das disponibilidades relativas de fatores de produção em uma determinada região, ela vai ocorrer independentemente do tamanho do mercado local. Por isso que países pequenos também se industrializaram, como a Bélgica, por exemplo.

Uma segunda diferença fundamental, que está implícita nos argumentos deste livro, é que capital financeiro, ou mesmo físico, flui entre regiões mais fortemente do que capital humano. Por isso a poupança interna é irrelevante para gerar desenvolvimento regional. Caso uma região esteja apta a se industrializar em um determinado momento pelas suas disponibilidades de fatores de produção, ela vai atrair o capital necessário de outras regiões ou países, se ele for necessário nesse processo. Além disso, se ela não tem um mercado interno com a escala necessária para sua industrialização, ela terá uma participação maior das exportações no destino de seus novos produtos industriais. Os exemplos do Chile, Coreia do Sul e Taiwan comprovam essa hipótese.

A Teoria da Dependência utiliza a mesma lógica econômica de Furtado. Apenas adiciona o fato de que relações entre as classes e segmentos sociais podem favorecer a especialização produtiva em mercadorias primárias nas economias dependentes. Isso gera uma estrutura de política econômica que atrasa a industrialização e, por isso, reduz o crescimento econômico, além de gerar deterioração dos termos de troca. No caso regional, as políticas de controle de produção (sanitárias etc.), tributação estadual e investimentos públicos em infraestrutura poderiam gerar um viés pró-exportações de bens primários e dificultar a industrialização. Essa seria uma versão da origem das desigualdades regionais em uma visão da Teoria da Dependência.

A hipótese aqui apresentada tem uma visão diferente da Teoria da Dependência, principalmente na base econômica dela, que é a mesma visão estruturalista de Celso Furtado. A especialização produtiva neste livro é vista como irrelevante para o desenvolvimento. Parte-se do pressuposto de que os mercados funcionam relativamente bem para distribuir a produção intersetorialmente. Entretanto, a ideia de que os conflitos e articulações entre classes sociais definem algumas políticas importantes para o desenvolvimento é compartilhada. No caso específico da hipótese apresentada neste livro, eles definem a política de acumulação de capital humano, diferentemente da Teoria da Dependência tradicional, na qual eles definem a política de especialização produtiva.

A visão institucionalista, que se tornou forte recentemente entre os economistas das novas gerações, defende hipótese semelhante à que se apresentou aqui, com a diferença fundamental de que as instituições são tomadas como possuindo uma grande inércia ao longo do tempo, apenas evoluindo lentamente. A hipótese aqui apresentada põe menos rigidez nas instituições e as entende apenas com a cristalização do poder relativo das diversas forças que têm nas classes sociais seu fundamento. Isso significa que é mais do que tudo uma questão de ênfase do que de discordância de visão propriamente. Não há, contudo, uma interpretação das desigualdades regionais no Brasil que traga uma apresentação detalhada dessa hipótese. Naritomi, Soares e Assunção (2007) é talvez a apresentação para um caso localizado do Norte de Minas Gerais que mais se aproxima de uma hipótese institucionalista para explicar as desigualdades regionais no Brasil.

O QUE MUDA EM RELAÇÃO AO LIVRO DESIGUALDADES REGIONAIS NO BRASIL

Este livro possui conclusões muito semelhantes ao que foi visto no livro anterior, o *Desigualdades Regionais no Brasil* (Barros, 2011b). Assim como nele, a causa imediata das desigualdades regionais é vista como a disparidade no estoque de capital humano per capita entre regiões. Ou seja, as desigualdades regionais surgiram porque concentrou-se no Sul e no Sudeste uma proporção maior de pessoas com mais qualificação e, por tal, com capacidade de gerar mais renda. Entretanto, duas pessoas com o mesmo estoque de capital humano tenderão a obter a mesma renda se tiverem sediadas em regiões distintas, uma delas no Sul ou no Sudeste e a outra no Nordeste.

Nesse contexto, pode-se dizer que não há um problema regional no sentido mais rigoroso do termo. Ele existiria se o fato de o indivíduo morar no Nordeste, ou outra região relativamente pobre, dados seus atributos pessoais, fosse uma razão suficiente para possuir uma renda menor. Teoricamente não haveria razão para tal, mesmo que haja desigualdades regionais dentro daquilo que pode ser explicado pela teoria. Empiricamente também se mostrou que não há razões para acreditar que essa situação exista. Ou seja, as disparidades regionais não são produto do conceito econômico de discriminação.

Na determinação das causas fundamentais das desigualdades regionais houve mudanças em relação ao livro anterior. Aqui se destacaram mais os interesses dos segmentos sociais mais importantes quanto à imigração de europeus e japoneses, enquanto no livro anterior apenas os interesses dessas classes sociais nos investimentos em educação foram enfatizados. Basicamente manteve-se a análise anterior quanto aos interesses das elites na educação dos segmentos sociais mais pobres, mas adicionou-se a sua postura em relação às imigrações, já que elas foram as principais responsáveis pelo surgimento da disparidade em estoque de capital humano e mesmo por sua permanência a partir da acumulação interna desse fator de produção.

Em relação ao método pode se dizer que não houve grande mudança. Combinou-se deduções teóricas com inferências empíricas, sempre se partindo do pressuposto de que a teoria econômica dominante pode explicar o fenômeno analisado, sem precisar recorrer a aventuras heterodoxas. Com os resultados empíricos obtidos, pode se dizer que a abordagem metodológica foi bem-sucedida, pois as causas imediatas das desigualdades regionais de acordo com a teoria econômica ortodoxa realmente são suficientes para explicar as disparidades encontradas.

A abordagem histórica foi mais precisa na identificação do período em que as desigualdades regionais se consolidaram, apesar de ter sido menos extensiva na apresentação da formação histórica das regiões. Identificou-se com mais clareza que o último quarto do século XIX e o primeiro do século XX foram os períodos em que as desigualdades regionais surgiram e se estabilizaram. Esse período coincide com o das grandes imigrações europeias e japonesas para o Brasil, assim como com o auge do ciclo do café no país. Coincidências de períodos não necessariamente implicam em relação de causa e efeito ou mesmo de determinação conjunta. Particularmente, as imigrações são parte importante da explicação das causas imediatas das disparidades regionais, que é o surgimento de estoques de capital humano per capita muito distintos nas regiões. A expansão cafeeira, por sua vez, teve papel secundário, apesar de ter auxiliado na atração de imigrantes para o Sul e o Sudeste. A distribuição espacial dos imigrantes no país, contudo, é um fenômeno importante a ser explicado pelas causas fundamentais das desigualdades regionais.

Todos esses comentários indicam que este livro representa uma evolução em relação ao anterior, mas que traz também complementaridades, pois ele é mais forte que o outro em alguns aspectos, como na discussão das causas fundamentais do atraso relativo do Nordeste e na apresentação de desenvolvimentos teóricos que são necessários para explicar as desigualdades regionais. Também é mais sintético em outras partes, como na análise histórica da formação das regiões.

Ou seja, a utilização dos dois fornece um quadro mais completo da natureza e causa das desigualdades regionais no Brasil.

CONCLUSÕES E CONSEQUÊNCIAS PARA A POLÍTICA ECONÔMICA

A proposta de política decorrente do que se apresentou aqui é muito simples. A sugestão óbvia é que haja um investimento intensivo em capital humano na região Nordeste. Deve se assegurar que os gastos com educação na região sejam proporcionalmente maiores em relação ao PIB regional e que sejam suficientes pelo menos para assegurar que esses gastos por aluno sejam iguais aos que ocorrem nas regiões mais desenvolvidas do país. Infelizmente ainda há no Brasil investimentos por aluno diferenciados nas regiões e os alunos das regiões mais ricas beneficiam-se mais de políticas públicas.[4]

Além disso as políticas educacionais precisam ser mais eficientes na região, com menos desperdícios de recursos. O corporativismo dos sindicatos de professores levou a muita ineficiência na utilização dos recursos, tanto nas cidades pequenas e médias como nas grandes capitais da região. Além disso, o padrão de exigência de qualidade da educação é muito baixo, dada a baixa formação das famílias cujos filhos frequentam as escolas públicas. Por consequência, os prefeitos e mesmo governadores tendem a utilizar ineficientemente os recursos destinados à educação, sempre que possível desviando a sua finalidade para acomodar demandas políticas, mesmo quando a estrutura dos gastos não é a mais apropriada para o rendimento do ensino. Maior conscientização e rigor, com gestão por resultados mais rigorosa, é o caminho para melhorar a eficiência dos recursos alocados em educação.

4 Ver Barros (2014) para uma apresentação de dados que mostram esse fenômeno.

Tradicionalmente argumenta-se que o Nordeste precisa de mais investimentos em infraestrutura econômica para se desenvolver. Tais investimentos não são o pilar do desenvolvimento regional, como se viu ao longo deste livro. Contudo, a região, assim como todo espaço econômico, precisa de investimentos em infraestrutura. A distribuição nacional desses investimentos deve manter todos os espaços equilibrados na disponibilidade, sem que haja penalização de regiões por motivos de menor força política. Critérios mais técnicos para a definição dos investimentos em infraestrutura devem ser adotados no país, com menos influência de forças políticas.

Uma parte importante da política regional no Brasil tem sido o subsídio ao capital, como ocorre nas políticas conduzidas pela SUDENE e Banco do Nordeste. Quando se verifica os dados de financiamento aos agentes privados, percebe-se que as empresas nordestinas têm menos acesso a crédito do que as do Sudeste e do Sul. Obviamente tamanho e organização dessas empresas é um determinante importante de tal situação. Entretanto, faltam mais informações sobre elas e os seus mercados, o que pode ser parcialmente resolvido com mais recursos para geração de informações regionais, como ocorreu no início da SUDENE nas décadas de 1960 e 1970. Os governos dos estados nordestinos, sendo mais pobres, não conseguem investir em informações tanto quanto os seus pares nas regiões mais ricas da federação.

Tais políticas de crédito a partir de fontes oficiais, BNB e SUDENE, enquanto o Brasil ainda possuir bancos públicos e a concentração bancária que existe atualmente, serão ainda necessárias. Elas asseguram que nos curto e médio prazos o equilíbrio da economia não seja com um PIB per capita abaixo do possível por causa de restrições creditícias. Entretanto, regulamentação do setor financeiro que adéque mais as práticas das instituições financeiras às necessidades da região é essencial. Isso pode, no médio e longo prazo, contribuir para que os agentes financeiros privados operem espacialmente de forma mais uniforme no país, e com isso a região mais pobre não mais necessite de políticas específicas.

Para concluir, contudo, vale enfatizar que o que vai mudar a cara do Nordeste e eliminar as desigualdades regionais é o equilíbrio na disponibilidade de capital humano entre as regiões. Isso significa que a política mais óbvia para reduzir as desigualdades regionais é a de mais investimentos em educação nas regiões mais pobres. Incentivos à imigração de mão de obra qualificada para a região poderiam ser tentados como política audaciosa, apesar de ela não ser comum em nossos tempos. Isso não quer dizer que não seja possível promover tais investimentos para atrair mão de obra qualificada, ou mesmo criar um sistema de incentivos fiscais para brasileiros qualificados imigrarem para o Nordeste. Por exemplo, pode se tentar uma política do tipo criar menores alíquotas de imposto de renda para pessoas de nível superior que residam e trabalhem na região, desde que elas sejam oriundas de universidades e faculdades com um desempenho mínimo na avaliação do Ministério da Educação.

REFERÊNCIAS

Acemoglu, D. e J. Robinson. *Why Nations Fail,* Nova York: Crown Publishing Group, 2012.

Acemoglu, D. e M. Dell. "Productivity Differences Between and Within Countries". *American Economic Journal: Macroeconomics*, 2(1): 169-88, 2010.

Acemoglu, D. e M. Jackson. "History, Expectations, and Leardership in the Evolution of Social Norms". *Review of Economic Studies*, 82(2): 423-456, 2015.

Arrow, K., "What Has Economics to Say about Racial Discrimination?" *Journal of Economic Perspectives*, 12(2): 91-100, 1998.

Auler, G. "A Companhia de Operários 1839-1843: Subsídios para o estudo da emigração germânica no Brasil". Recife: Mimeo, 1959.

Azzoni, C. R. "Geografia e convergência de renda entre os estados brasileiros". Em R. Henriques (Org.), *Desigualdade e Pobreza,* Rio de Janeiro: IPEA, 2000.

Azzoni, C, N. Menezes-Filho, Menezes e Silveira Neto. "Geography and Income Convergence among Brazilian States". Research network Working paper, 3096, Inter-AmericanDevelopment Bank, Maio, 2000.

Bacha, E. e R. Greenhill. *150 Anos de Café*. Rio de Janeiro: Ed. Salamandra, 1992.

Balderas, e Greenwood. "From Europe to the Americas: A Comparative Panel-Data Analysis of Migration to Argentina, Brazil, and the United States, 1870-1910". Manus, Boulder, Universidade do Colorado, 2006.

Barbosa Filho, F. H., S. Pessoa e F. Velloso. "Evolução da Produtividade Total dos Fatores na Economia Brasileira com Ênfase no Capital

Humano — 1992-2007". Apresentado no Encontro Nacional de Economia, 2009.

Barbosa Filho, F. H., S. Pessoa. "Educação e Desenvolvimento no Brasil". em F. Veloso, P. F. Cavalcanti, F. Giambiagi e S. Pessoa (eds.), *Desenvolvimento Econômico: Uma Perspectiva Brasileira*, Rio de Janeiro: Elsevier, 2013.

Barro, R. and X. Sala-i-Martin. "Convergence". *Journal of Political Economy*, 100(2): 223-251, 1992.

Barro, R. and X. Sala-i-Martin. *Economic* Growth. Nova York: McGraw Hill, 1995.

Barros, A. R. "Decomposição das Desigualdades Regionais Brasileiras em seus Principais Determinantes". Apresentado em ANPEC Regional, Fortaleza, Julho, 2010.

Barros, A. R. "The Regional Question in Brazil: Nature, Causes and Policies", In W. Baer e J. Love (eds.). *The Economies of Argentina and Brazil*, Londres: Edward Elgar, 2011a.

Barros, A. *Desigualdades Regionais no Brasil: Natureza, Causas, Origens e Solução*. Rio de Janeiro: Elsevier, 2011b.

Barros, A. R. "Dinâmica das Desigualdades Regionais no Brasil". *Revista Econômica do Nordeste*, 43(4): 9-25, 2012.

Barros, A. R., "Desigualdades Regionais e Desenvolvimento Econômico", In F. Veloso, P. Cavalcanti Ferreira, F. Giambiagi e S. Pessoa (orgs.), *Desenvolvimento Econômico: Uma Perspectiva Brasileira*, Rio de Janeiro: Elsevier, 2013.

Barros, A. R. "Políticas de desenvolvimento regional no contexto do desafio da competitividade", In F. Giambiagi e C. Porto (eds.), *Propostas para o Governo 2015/2018*. Rio de Janeiro: Elsevier, 2014.

Barros, A. R. *Roots of Brazilian Relative Economic Backwardness*. Londres: Academic Press, 2016.

Barros, A. R. "Brazil´s Northeast", in E. Amann, W. Baer and C. Azzoni (eds.). *Oxford Handbook of the Brazilian Economy*. Oxford: Oxford University Press, 2018.

Barros, A. R. e C. Mesquita. *"The Role of Social Capital on Individual Incomes in Brazil". Planejamento e Políticas Públicas*, 32(jan-jun): 37-56, 2009.

Barros, R. P; M. Carvalho, S. Franco e R. Mendonça. "Determinantes da Queda na Desigualdade de Renda no Brasil". *Texto para Discussão do IPEA*, Brasília, 2010.

Belzil, C. "Testing the Specification of the Mincer Wage Equation". Working Papers 0608, Groupe d'Analyse et de Théorie Economique (GATE). Centre national de la recherche scientifique (CNRS), Université Lyon 2, Ecole Normale Supérieure, 2006.

Benedini, G. "A emigração italiana para a Bahia". *Fênix: Revista de História e Estudos Culturais*, 10(2): 1-20, 2013.

Ben-Porath. "The Production of Human Capital and the Life Cycle of Earnings". *The Journal of Political Economy*, Vol. 75, No. 4, Part 1, (August):352-365, 1967

Black, S. e P. Devereux. "Recent Developments in Intergenerational Mobility". *NBER Working Papers*, #15.889, National Bureau of Economic Research, 2010.

Black, S., P. Devereux, and K. Salvanes. "Why the Apple Doesn't Fall Far: Understanding Intergenerational Transmission of Human Capital". *American Economic Review*, 95(1): 437-449, 2005.

Bolt, J. and J. L. van Zanden. "The Maddison Project: collaborative research on historical national accounts". *The Economic History Review*, 67(3): 627–651, 2014.

Bolt, J., R. Inklaar, H. de Jong and J. van Zanden. *Maddison Project*, 2018.

Bowles, S. and H. Gintis. *A Cooperative Species: Human Reciprocity and its Evolution*. Princeton: Princeton University Press, 2011.

Bresser Pereira, L. C. *A Construção Política do Brasil: Sociedade, Economia e Estado desde a Independência*. São Paulo: Editora 34, 2014.

Card, D., "The Causal Effect of Education on Earnings". In Orley Ashenfelter and David Card (eds. Handbook of Labor Economics) Volume 3A. Amsterdam: Elsevier, 1999.

Cardoso, F. H. and E. Faletto. *Dependência e Desenvolvimento na América Latina: Ensaio de Interpretação Sociológica*, 7ª ed. Rio de Janeiro: Editora LTC, 1970.

Caselli, F. "Accounting for Cross-Country Income Differences", In P. Aghion and Durlauf (eds.). *Handbook of Economic Growth*, Amsterdam: Elsevier, 2005.

Cebula, R.J. "Determinants of Geographic Cost-of-Living Differentials in the United States: An Empirical Note". *Land Economics*, 56 (November), 476-8, 1980.

Chang, W. "Some Theorems on trade and general equilibrium with many goods and factors". *Econometrica*, 47(3): 709-726, 1979.

Ciccone, A. e R. Hall. "Productivity and the Density of Economic Activity". *American Economic Review*, 86(1): 54-70, 1996.

Combes, P., G. Duranton, L. Gobillon e S. Roux. "Estimating Agglomeration Economies with History, Geology, and Workers Effect", In E. Glaeser (ed.). *The Economics of Agglomeration*. Chicago: University of Chicago Press, 2010.

Dal Bó, P. E G. Fréchette. "On the Determinants of Cooperation in Infinitely Repeated Games: A Survey". *American Economic Review*, 56(1): 60-114, 2018.

Darendorf, R. *Class and Class Conflict in Industrial Society*. Stanford: Stanford University Press, 1959.

Daude, C; E. Fernández-Arias. "On the Role of Productivity and Factor Accumulation in Economic Development". *IDB Working Paper Series*, IDB-WP-155, Inter-American Development Bank, 2010.

Davanzo, E. S. e Ferro, A. R. "Retornos à Educação: uma análise da redução do diferencial salarial por anos de estudo no Brasil no período de 2001 a 2012", In *XIX Encontro Nacional de Estudos Populacionais da ABEP*: População, Governança e Bem-Estar. São Pedro-SP, 2014.

Donagan, A. "The Popper-Hempel Theory Reconsidered", In *Philosophical Analysis and History*, W. H. Dray (ed.). Nova York: Harper & Row, pp. 127–159, 1966.

Eisenberg, P., *Falta de Imigrantes: Um Aspecto do Atraso Nordestino*, Mimeo. Instituto de Filosofia e Ciências Humanas da UNICAMP, Campinas, 1972.

Feenstra, R. *Advanced International Trade*, Princeton: Princeton University Press, 2004.

Fehr, E. e U. Fischbacher. "The Nature of Human Altruism". *Nature*, 425, 785-791, 2003.

Ferreira, P. C. , S. Pessoa and F. Veloso, "On the Evolution of Total Factor Productivity in Latin America". *Economic Inquiry*, 51(1): 16-30, 2013.

Freyre, Gilberto. *Casa Grande e Senzala*, Rio de Janeiro: Maia & Schmidt, 1933.

Fujita, M; P. Krugman e A. Venables. *The Spatial Economy*, Cambridge (Mass.): MIT Press, 1999.

Furtado, C. *A Operação Nordeste*, Rio de Janeiro, Instituto Superior de Estudos Brasileiros, 1959a.

Furtado, C. *Formação Econômica do Brasil*, Rio de Janeiro: Fundo de Cultura, 1959b.

Glaeser, E. "Are Cities Dying?", *Journal of Economic Perspectives*, 12(2): 139-160, 1998.

Glaeser, E. *Triumph of the City*. Nova York: Penguin Press, 2011.

Glaeser, E. e J. Gottlieb. "The Wealth of Cities: Aglomeration Economies and Spatial Equilibrium in the United States". *Journal of Economic Literature*, 47(4): 983-1028, 2009.

Gneezy, U; A. Leibbrandt; J. List. "Ode to the sea: workplace organizations and norms of cooperation". *NBER Working Paper*, #20234, Cambridge, Mass. June, 2014.

Griliches, Z. "Estimating the returns to schooling: some econometric problems". *Econometrica* 45:1-22, 1977.

GTDN. *Uma Política de Desenvolvimento para o Nordeste*, Mimeo. Elaborado para o Grupo de Trabalho para o Desenvolvimento do Nordeste (GTDN), Recife, 1959.

Hall, R. and C. Jones. "Why Do Some Countries Produce So Much More Output Per Worker Than Others?". *Quarterly Journal of Economics*, 114(1): 83–116, 1999.

Harari, Y. *Sapiens: A brief History of Humankind*. Londres: McClelland & Stewart, 2014.

Hatton, T; J. Williamson. *The Age of Mass Migration: Causes and Economic Impact*. Oxford: Oxford University Press, 1998.

Heckman, J. "Sample Selection Bias as a Specification Error". *Econometrica*, 47(1): 153-161, 1979.

Heckman, J., L. Lochner e P. Todd. "Earning Functions, Rates of Return and Treatment Effects: The Mincer Equation and Beyond", In E. Hanushek e F. Welch (eds.). *Handbook of the Economics of Education*, vol. 1, Londres: Elsevier, 2007.

Hertz, T; Jayasundera, T; Piraino, P; Selcuk, S; Smith, N; Verashchagina, A. "The Inheritance of Educational Inequality: International Comparisons and Fifty-Year Trends". *The B.E. Journal of Economic Analysis & Policy*, 7(2): 1-48, 2008.

Hoffmann, R. "The Evolution of Income Distribution in Brazil: What Promotes and What Restricts the Decline in Inequality", In W. Baer e J. Love (eds.). *The Economies of Argentina and Brazil*. Londres: Edward Elgar, 2011.

Jones, R; Scheinkman, J. "The Relevance of the Two-Sector Production Model in Trade Theory". *Journal of Political Economy*, 85(5): 909-935, 1977.

Langston D; Rasmussen, D. W; Simmons, J.C. "A Note on Geographic Cost of Living Differentials". *Land Economics*, 61(3): 314-318, 1985.

Leamer, E., "The Heckscher-Ohlin Model in Theory and Practice". *Princeton Studies in International Finance*, #77, International Finance

Section, Department of Economics, University of Princeton, Princeton, Fevereiro, 1995.

Lee, D. S., and T. Lemieux. 2010. "Regression Discontinuity Designs in Economics". *Journal of Economic Literature*, 48(2): 281–355, 2010.

Leff, N. *Underdevelopment and Development in Brazil*. Londres: George Allen & Unwin , 2 vols., 1982.

Lemieux, T. "The "Mincer Equation" Thirty Years After *Schooling, Experience, and Earnings*", In S. Grossbard (ed.). *Jacob Mincer: A Pioneer of Modern Labor Economics*. Nova York: Springer, 2006.

Maddison, A. *Historical Statistics of the World Economy: 1–2008 AD*, Maddison Project, 2011.

Mailath, G; Samuelson, L. *Repeated Games and Reputation*. Oxford: Oxford University Press, 2006.

Marshall, A. *Principles of Economics*. Londres: Macmillan, 8ª edição, 1890.

Marx, K. *Capital*, Vol. I (English translation, 1967). Nova York: International Publishers, 1867.

Melchior, A. "Regional Inequality and Convergence in Europe, 1995-2005". Studies and Analyses, #374, CASE Network, Varsóvia, 2008.

Mincer, J. "Investment in Human Capital and Personal Income Distribution". *Journal of Political Economy*, 66(4):281-302, 1958.

Mincer, J. *Schooling, Experience, and Earnings*. Nova York: NBER Press, 1974.

Monastério, L; Reis, E. "Mudança na Concentração Espacial das Ocupações nas Atividades Manufatureiras no Brasil — 1872–1920". *Discussion Papers* 1361, IPEA, 2008.

Naritomi, J; Soares, R; Assunção, J. "Rent Seeking and the Unveiling of 'de facto' Institutions: Development and Colonial Heritage within Brazil". *NBER Working Paper*, #13545. Cambridge: Mass, 2007.

Nichols, A; Favreault, M. "A Detailed Picture of Intergenerational Transmission of Human Capital". Manus. Urban Institute, Washington, D.C., 2009.

North, D. *Institutions, Institutional Change and Economic Performance.* Cambridge: Cambridge University Press, 1990.

Oaxacca, R. "Male-Female Wage Differentials in Urban Labor Markets". *International Economic Review* 14: 693–709, 1973.

Oliveira, V. *Autonomia Regional e Financiamento da Educação Básica: Pernambuco, São Paulo e Rio Grande do Sul, 1850-1930*. São Paulo: USP, Faculdade de Filosofia, Letras e Ciências Humanas, 2014.

Pessoa, S. "Existe um Problema de Desigualdade Regional no Brasil?" *Encontro Nacional de Economia*, Salvador/BA, 2001.

Petrakos, G. "Regional inequalities in Europe: Reflections on evidence, theory and policy". *Town Planning Review*, 79(5): 7-19, 2008.

Psacharopoulos, G. e Y. Ng. "Earnings and Education in Latin America: Assessing Priorities for Schooling Investments". *WPS series*, #1056, The World Bank, 1992.

Psacharopoulos, G. "Returns to Investment in Education: A Global Update". *Policy Research working Paper.* WPS 1067. The World Bank, 1993.

Rocha, S. "Do Consumo Observado à Linha de Pobreza". *Pesquisa e Planejamento Econômico*, 27(2): 313-352, 1997.

Sacerdote, B. "The Nature and Nurture of Economic Outcomes". *American Economic Review*, 92(2): 344-348, 2002.

Samuelson, P. "International Trade and the Equalization of Factor-Prices". *Economic Journal*; 58(230): 163-184, 1948.

Samuelson, P. "International Factor Price Equalization Once Again". *Economic Journal*, 59(234): 181-197, 1949.

Segal, D. "Are There Return to Scale in City Size". *The Review of Economics and Statistics*, 53(3): 339-350, 1976.

Shankar, R; Shah, A. "Bridging the Economic Divide within Countries: A Scorecard on the Performance of Regional Policies in Reducing Regional Income Disparities". *World Development,* 31(8), pp. 1421-1441, 2003.

Takayama, A. "On Theorems of General Competitive Equilibrium of Production and Trade: A Survey of Recent Developments in the Theory of International Trade". *Keio Economic Studies* 19(1): 1-37, 1982.

Texeira, R. "Imigração de trabalhadores estrangeiros no nordeste, final do século XIX e início do XX". ANPUH, XXIII Encontro Estadual de História, São Paulo, 2016.

Thomas, R; Hills, S; Dimsdale, N. *"The UK recession in context — what do three centuries of data tell us?". Bank of England Quarterly Bulletin,* 50(4): 277-291, 2010.

Tirole, J. "A Theory of Collective Reputation". *Review of Economic Studies,* 63(1): 1-22, 1996.

White, H. "A Heteroskedasticity-consistent covariance matrix estimator and direct test for heteroskedasticity". *Econometrica*, 48(4): 817-838, 1980.

ÍNDICE

E

F

G

H

I

J

L

M

N

O

P

Q

R

Este livro foi impresso nas oficinas gráficas da Editora Vozes Ltda.,
Rua Frei Luís, 100 – Petrópolis, RJ.